技术外交理论与实践

Technology Diplomacy Theory and Practice

任天威 / 著

中国传媒大学青年学者文丛

第三辑

中国传媒大学出版社
·北京·

图书在版编目(CIP)数据

技术外交理论与实践/任天威著.--北京:中国传媒大学出版社,2025.3.
ISBN 978-7-5657-3921-7

Ⅰ.D80

中国国家版本馆CIP数据核字第20254LM139号

技术外交理论与实践
JISHU WAIJIAO LILUN YU SHIJIAN

著　　者	任天威
策划编辑	蒋　倩
责任编辑	蒋　倩
装帧设计	拓美设计
责任印制	李志鹏

出版发行	中国传媒大学出版社		
社　　址	北京市朝阳区定福庄东街1号	邮　编	100024
电　　话	86-10-65450528　65450532	传　真	65779405
网　　址	http://cucp.cuc.edu.cn		
经　　销	全国新华书店		
印　　刷	唐山玺诚印务有限公司		
开　　本	710mm×1000mm　1/16		
印　　张	13.75		
字　　数	209千字		
版　　次	2025年3月第1版		
印　　次	2025年3月第1次印刷		
书　　号	ISBN 978-7-5657-3921-7	定　价	68.00元

本社法律顾问:北京嘉润律师事务所　郭建平

总 序

时值中国传媒大学成立60周年之际,中国传媒大学人文社会科学青年学者资助项目正式选定了十部支持专著,这是我校在人文社科研究方面所取得的又一成绩。

这套丛书的出版不仅是为了落实学校科研支持政策,更是为了响应国家的号召。2014年,李克强总理与历年国家杰出青年科研基金获得者代表座谈交流时曾提到,人才特别是优秀青年人才是国家科技实力、创新能力和竞争力的重要体现,代表着国家创新的未来。做好这方面的工作,对加快转变发展方式、实施创新驱动战略具有重大意义。作为教育部直属的国家"211工程"重点建设大学和国家985"优势学科创新平台"项目重点建设高校,中国传媒大学在信息传播领域的学术发展也是我国高校人文社科研究发展的一个重要组成部分。

建校60年来,我校在科学研究方面产出了大量的优秀成果。特别是在信息传播领域,我校广大教师正确面对我国信息传播事业飞速发展过程中机遇和挑战并存的复杂形势,迎难而上、克难攻坚,始终保持着饱满的科研热情,坚守着学校的殷切期望,及时、准确地把握国家提供的战略契机,以充分的准备和足够的信心面对挑战、迎接挑战,积极开展多领域、内容丰富的科研工作,收获了累累硕果。在2012年教育部组织的全国学科评估中,我校新闻传播学、戏剧影视学两个学科均排名第一。

目前我校的3个学部(新闻传播学部、艺术学部、文法学部)、1个中心(协同创新中心)和5个直属学院(播音主持艺术学院、广告学院、经济与管理学院、外国语学院、MBA学院)是文科科研和艺术创作的主要力量源泉。同时,学校文科方面还拥有新闻学、广播电视艺术学2个国家重点学科,传播学1个国家重点培育学科,新闻传播学、艺术学理论、戏剧与影视学3个一级学科北京市重点学科,语言学及应用语言学、动画学2个二级学科北京市重点学科;拥有教育部人文社会科学重点研究基地广播电视研究中心等部级研究机构13个和校级科研机构40个,在我国人文社科领域具有相当重要的地位和影响力。

近年来,我校在人文社科领域先后有2人入选"长江学者"特聘教授、2人入选"长江学者"讲座教授、3人入选"新世纪百千万人才工程"国家级人选、25人入选教育部"新(跨)世纪优秀人才支持计划"、2人次荣获国家级教学名师奖、2人次荣获全国优秀教师荣誉称号。更有越来越多的青年教师荣获教育部科学研究优秀成果奖、北京市哲学社会科学优秀成果奖等含金量较高的奖项。众多奖项和数字的背后,凝聚的正是全校思想活跃、朝气十足的广大青年教师夜以继日、笔耕不辍的成果,他们是真正帮助我校文科科研日益发展壮大的薪火相传的主力军。这支主力军的成长得益于两个方面。

一方面,我校立足长远,着力于对广大青年教师进行有计划、有目标的专业培训,加大对青年教师科研项目的经费投入,鼓励青年教师进行交叉学科项目的科学研究。中国传媒大学科研培育项目的设立,有效调动了青年教师的科研积极性,整体提升了我校人文社科的科研氛围与科研能力;邀请国内外专家学者来校开展社会科学研究系列讲座,积极拓展广大师生的学术视野;研究《艺术创作与获奖评价体系》,将科研与艺术创作有效结合,激发广大教师艺术创作的热情;研究《重点学科指标评测体系》,将我校的优质学科与国内外顶尖高校的相应学科进行深层对比,巩固我校两个优势学科在全国的领先地位;打造《中国传媒大学文科科研手册》,方便教师全面了解科研工作情况;建设完成文科科研成果库(一期工程),共收集信息传播领域论文 15,500 余篇、著作 3,258 册、研究报告 730 余篇,形成了我校自建校以来最为完整的科研成果文献体系;本着"高标准、精投入"的原则,集中一批优秀科研人才,引导广大教师特别是青年教师围绕全媒体、大数据等热点领域积极开展科研工作,营造了一个砥砺切磋的良好学术环境,促成了更多高水平科研成果的产生。

另一方面,我校广大青年教师努力开拓创新,将现代理论有机融合于具体实践之中,在变化中求发展,在发展中谋变化,不断寻找立意新颖的科研课题,以蓬勃向上和不断进取的青春锐气、以孜孜不倦和奋力前行的勇气,扎根于文科科研工作,并不断茁壮成长。青年教师在学校"钻研、精研、深研"的方针指导下,凭借着旺盛的科研热情,在一系列科研、教学比赛和国际学术拓展中取得了令人瞩目的成绩。

此次青年学者出版资助项目就是这些科研成果中的一部分。也正是在优渥的科研鼓励政策的鼎力支撑下,才有了一批 30—45 岁的优秀青年学者倾心无忧,精心钻研,用心谋划,专心致学,大胆施展才华,安心科研工作,最终促成了"中国传媒大学青年学者文丛"的顺利面世。

学校文科科研的发展离不开青年教师的成长,学校管理机制的完善助力于青年教师的进步。希望我校广大青年教师在科学研究的道路上不畏艰险、勇于创新,不断探索前行!

是为序。

中国传媒大学副校长、教授
廖祥忠
2015 年 12 月 8 日

目录 CONTENTS

引 言 ………………………………………………………… 1

第一章　技术外交：研究基础 …………………………… 10
第一节　技术外交、技术权力与技术竞争 ……………… 11
第二节　全球治理与全球技术治理 ……………………… 16
第三节　科技外交 ………………………………………… 21

第二章　技术外交的理论界定及时代意义 ……………… 31
第一节　技术外交的理论界定 …………………………… 31
第二节　相关概念阐释与辨析 …………………………… 50
第三节　技术外交产生的背景与意义 …………………… 58

第三章　技术外交的发展与实施 ………………………… 65
第一节　技术外交的发展阶段 …………………………… 65
第二节　技术外交的实施方式 …………………………… 71
第三节　技术外交的主要特点 …………………………… 78
第四节　技术外交的主要作用 …………………………… 80

第四章　若干国家和国际组织的技术外交实践 …………… 84
第一节　发达国家与地区 ………………………………… 85
第二节　发展中国家 ……………………………………… 103
第三节　国际组织 ………………………………………… 114

第五章　技术外交的影响因素与评价 ………………………… 120
第一节　技术外交的影响因素 …………………………… 120
第二节　技术外交的经验启示 …………………………… 132
第三节　技术外交的现实困境 …………………………… 135

第六章　人类命运共同体视域下技术外交的发展前景 ………… 139
第一节　人类命运共同体的理念阐释与世界意义 ……… 139
第二节　人类命运共同体关注全球技术发展核心议题 … 144
第三节　人类命运共同体指引突破技术外交困局 ……… 155
第四节　人类命运共同体理念下技术外交实现的中国路径 ……… 158

结　语 …………………………………………………………… 173
参考文献 ………………………………………………………… 177
后　记 …………………………………………………………… 209
编者的话 ………………………………………………………… 211

引 言

世界正处于大发展大变革大调整的时代。其中,以大数据革命和人工智能技术为核心的"第四次工业革命"(fourth industrial revolution)引领发展浪潮,对世界各国都产生了举足轻重的影响。技术创新的不断加速,不仅迅速渗入日常生活,营造了虚拟、网络和数字生态,推动各国社会经济治理思路和组织运行的全方位变革,也在国际关系层面上加强了各国互联互通,催生全球数字经济发展新动能,成为助力国际合作的重要引擎。数字化、网络化和智能化技术还加速重塑权力动力因素,不断扩大的技术、网络和信息力量既可以补充国际体系中更传统的军事实力、经济实力和软实力,也正在促成技术权力的兴起,从而被更广泛的国际行为主体所利用,以寻求权力在世界格局中的重新分配。[1]技术竞争也成为现今大国竞争最主要的表现形式,其作为全球政治和经济变化内生动力的重要性进一步突出。[2]

近几年常见与新技术相关的国内外热点,包括中兴通讯被禁止从美国购入敏感部件、人工智能全球合作组织(GPAI)在新冠疫情期间成立、谷歌(Google)在欧洲面临高额罚款、海外版抖音 TikTok 在美国面临强制出售风险等,它们离我们日常网络和数字社会生活并不遥远,也成为国际关系和外交领域中的重要话题。这其中许多信息和议题的蕴意深刻,并不只是单纯

---

[1] National Intelligence Council. Global trends 2040: a more contested world[R/OL]. (2021-03)[2022-08-04]. https://www.dni.gov/files/images/globalTrends/GT2040/GlobalTrends_2040_for_web1.pdf.
[2] 张倩雨.技术权力、技术生命周期与大国的技术政策选择[J].外交评论(外交学院学报),2022,39(1): 60.

的技术或商业问题,例如那些现已积极活跃在全球舞台的技术巨头企业,它们的资金、运营、硬件生产或业务内容频频受到政府的审查和限制。更加令人担忧的是在缺乏正式、合理且有效沟通和直接证据的情况下,有些行政审查和管制成为打压他国的借口,成为国家博弈的新手段,国家间政治互信削弱,戒心却大大加强。这既体现了经济和社会活动的"泛政治化",[①]也呈现了当下全球技术问题的多面性和复杂性以及全球治理的缺失,看似技术之于国际社会生产生活之"益"并未能"沿用"至国际政治中产生同等之"效",国际关系和外交动向也无法基于传统经验和认知简单断之。

可以看出,现阶段新技术革命将人类更紧密地联系在了一起、彰显了加强全球技术治理和国际合作需求,可又加剧了不同主体在技术领域的战略竞争和理念冲突,产生了阻碍推进全球技术治理和国际合作的因素。随着技术的发展、全球化的转型,我们进入了一个"不确定"的时代和一个"未知"的世界。阎学通教授在2020年10月举行的"新科技与国际关系"论坛中表示,近年来低成本的外交造谣越发频繁、技术单边主义和孤立主义大行其道、全球治理责任赤字等问题突出,或许这一次的新技术革命对大国外交行为、国际关系和国际格局的影响更应得到警惕。这也为这个时代的外交工作带来了严峻的考验,进而对我们从更高的视角重新审视技术与外交提出了迫切的要求。

21世纪的中国,无论是在对外政策制定还是在全球治理理念设计方面,都在顺应和平与发展的时代主题,将自身发展融入世界发展进程之中。借助全面把握第四次工业革命,中国的科技竞争力一直处于高速发展的状态,成为塑造全球技术格局的重要力量。中国国家主席习近平肯定了新技术发展对重塑世界经济和人类社会面貌的深刻作用,鼓励在数字经济和新工业革命技术领域加强多边合作,打造新技术、新产业、新模式、新产品,以更好解决全球发展问题。此外,作为全球技术治理的积极参与者和建设者,中国

---

① 张倩雨.技术权力、技术生命周期与大国的技术政策选择[J].外交评论(外交学院学报),2022,39(1):60.

提出并践行"人类命运共同体",从顺应历史潮流、增进人类共同福祉出发,秉持共商、共建、共享的理念原则,开放合作、承担责任,为继续加强同国际经贸规则和技术标准规范的对接而努力,为化解技术发展问题背后的地缘政治竞争甚至意识形态和文化价值冲突提出了指导性方案。当然,崛起之路是蜿蜒曲折的。在中国的国际地位逐步提升的过程中,以美国为首的一些西方国家已然刻意启动对中国单方面的技术封锁,号召世界各国在经济、技术等方面与中国"脱钩"的言论也甚嚣尘上。这不仅造成了中国在某些关键技术的突破方面有所困难,也束缚了全球科学技术发展的手脚,导致世界经济发展更显乏力。

百年大变局的机遇仍在,但也充满挑战和危机。每一个国家甚至每一个人都是这个变化中的世界的利益攸关方,休戚相关、命运与共,无法独善其身。因此,笔者提出了本书想要探讨的几个研究问题:随着数字化、网络化和智能化技术的发展和渗入,技术如何和当下世界政治变局和国际关系的不确定性产生了联系?国际关系和外交机制在新技术生态环境下发生了何种变化——是否产生了新的外交类型或外交形态?为什么会发生这种变化?面临百年未有之大变局,针对愈演愈烈的全球性问题,各国应遵循何种理念、如何更好地完善外交机制与实施路径,并在变动的世界和技术环境中保持优势、解决问题、延续发展,更好地承担建设人类命运共同体的责任?本书将新技术发展和技术权力的兴起放在世界政治变局和第四次工业革命的背景中讨论,也嵌入新时代中国大国外交的理念和实践,提出和论述了"技术外交"的概念并系统性地研究了该外交类型的理论、实践与发展中的各种问题,以回答这些重要的研究问题。

本书主体共分为六章。

第一章"技术外交:研究基础"围绕技术外交、技术权力与技术竞争相关研究,全球治理与全球技术治理相关研究以及科技外交相关研究三个主题,对国内外文献进行梳理和述评,为本书的研究提供可借鉴的科研成果和理论依据并寻找创新突破口。

第二章为"技术外交的理论界定及时代意义"。本章首先对技术外交的概念进行界定,强调了技术外交和科技外交、传统外交的不同,对技术外交中的"技术"内涵和外延进行阐述和强调,对技术外交的作用机制作出分析,并对数字外交、网络外交、数据外交、创新外交和电子外交等相似概念进行辨析。本章还论述了"全球技术治理"与技术外交的紧密关系,加强对外交理念和外交机制更新必要性的讨论。此外,本章对技术外交产生的时代背景作出详细论述,解答技术外交为什么产生和"是什么"的问题,在此基础上对技术外交的意义进行重新审视。

第三章为"技术外交的发展与实施"。本章首先对技术外交的发展阶段进行了梳理,交代各阶段的代表性活动,也以此强调技术外交的历史演进和现实意义。作为一种独立的外交类型,技术外交经历了近十年的发展,正在走向成熟,其理念得到了积极宣传,政府及非政府组织的部门架构和涉外逻辑得到改组,多边和多利益攸关方的合作平台和对话机制得以搭建,等等。这些具体的实践活动逐步彰显了其在国际关系和国际社会发展中的独特地位。本章后三节从技术外交的实施方式、主要特点和主要作用三个方面对技术外交进行进一步的介绍和分析,主要回答技术外交"怎么做"的问题,使技术外交的现状更加明晰。

第四章为"若干国家和国际组织的技术外交实践"。就现阶段而言,技术外交实施具有共性的体现,但不同国家或其他类型的国际行为主体的实施情况特征分明。在上一章分析了共性的实施特点后,笔者依据主体"能力—认知—行动"的分析框架,选取并论述了几个不同类型国家和重要的国际组织的技术外交实践情况,进一步具象了技术外交具有目标性和特色性的理念、政策或战略,为对比和归纳主要特点和影响因素打下基础。

第五章为"技术外交的影响因素与评价"。在本章中,影响技术外交实施的多重因素分析是一个重点。宏观层次上,世界格局与力量对比的变化和全球性问题的突出影响了技术外交的实施;中观层次上,包括政治制度、外交决策机制和意识形态;微观层次上,则主要关注国家最高领导人、重要决策者和关键实践者在技术外交实施中所起的作用。诸多因素相互交织,对技术外交的形态和决策等产生影响。技术外交在各国各地区逐步兴起,并未有评价的唯一固定模式和标准,因而站在理论高度,结合共性和个性实践,笔者从完善外交政策的角度出发,由个体经验推及了一些启示。本部分落脚于归纳现阶段推行技术外交以及技术外交作用于全球技术治理的现实困境,受制于此,技术外交的实际功能也非常有限。技术外交的产生具有必然性,因此突破困境、跨越曲折也是必经之路。

最后一章为"人类命运共同体视域下技术外交的发展前景"。本章主要是对中国在人类命运共同体理念指引下践行技术外交能力、潜力和影响力的讨论。本章首先总体论述了当下人类命运共同体提出的意义以及其对全球技术发展核心议题的关注,强调了构建人类命运共同体与第四次工业革命技术创新和发展之间形成的良性互动,将对回应和解决这些核心议题产生重要的推动力。通过技术外交开展技术合作以构建人类命运共同体的道路格外曲折,但却有积极的发展前景。本章最后一节为人类命运共同体理念下技术外交实现的中国路径,进一步明确了现阶段中国技术外交面临的机遇和挑战、中国技术外交的目标和路径,还在提升技术外交效能方面提出了政策建议。构建人类命运共同体不仅是中国为解决世界的"时代之问"而提出的全球治理理念和方案,还是习近平新时代中国特色社会主义思想的基本方略之一,是中国外交的总指引和总目标。中国党和政府的外事工作部门和中国科技界都在努力践行人类命运共同体的理念,对技术外交路径已进行了富有特色和成效的探索。因此本部分具体阐述了中国技术外交路径的几个方面,既分析了在人类命运共同体理念的指引下中国正在及计划"怎么做"的问题,也期待技术外交可以在人类命运共同体理念的指引下,将积极的前景逐步转化为生动的现实。

本书在以下几个方面具有创新性。

第一,本书研究选题和内容有所创新。国内外对科技外交的研究已经非常丰富,研究既有深度也有广度。然而,目前学界罕有专门针对技术外交问题的研究,特别是一些国内学者仍主要按照科技外交的研究惯性开展研究,未对当下应新技术发展形势、技术权力兴起、国际秩序变革和全球治理缺失而萌生的技术外交的独立性和独特性做足够考量。本书详细论述了技术外交各方面的基本问题,并特别分析了在人类命运共同体理念指引下中国的技术外交面临的机遇、挑战、路径等,选题内容和角度具有创新性。

第二,本书详细地进行了技术外交及相关概念的阐述和辨析。本书研究及论述的核心概念是"技术外交",是一个新提出的独立概念。就概念的提出来说,从"科学与技术外交"或"科技外交"到"技术外交",并不是语言文字游戏,亦不只是钻东西方学术表述习惯不同的空子。可以说,科技外交的学术研究积淀支持了本书的理论基础,但当下时代的技术条件、人文环境,甚至人类生存和生活的物理和精神"空间"都在快速变化,对技术的要求与期待和对这个世界的秩序与想象都在影响着国际交往的方方面面。因而,时代催生了技术外交这种新的外交类型,它在世界舞台开始逐渐发挥作用并颇有发展前景。本书便对技术外交进行了定义,并且详细地对技术外交的概念进行了阐述,特别从"技术"的侧重点以及技术外交所涉及的要素出发探讨了该概念所蕴含的丰富内涵。本书对时下一些常见的相似概念均做出了比较详细的讨论,包括数字外交、网络外交、数据外交、创新外交、电子外交以及全球技术治理等,从它们的词源和实际使用的学术情境等方面出发进行辨析,相信这样的梳理也会为相关研究提供参考。

第三,本书进行了跨学科的讨论并搭建分析框架。2019年,习近平总书记曾用三个"前所未有"阐明"百年未有之大变局"的深刻内涵,即新兴市场国家和发展中国家的崛起速度之快前所未有,新一轮科技革命和产业变革带来的新陈代谢和激烈竞争前所未有,全球治理体系与国际形势变化的不适应、不对称前所未有。本书的研究问题与这三个"前所未有"都息息相关,并试图把技术外交纳入互联网广泛普及、数字和智能技术更为成熟和弥漫的技术浪潮之后的约十年的时间范畴,融入这样的世界整体的大变局之中,具有强烈的时代特色。此外,在探讨通过合作推动科学技术进步、解决人类文明和社会发展问题的课题中,跨学科研究的思路和方法很有必要。在本书写作过程中,笔者关注到了第四次工业革命技术对国际社会数字化转型的深刻影响,除阅读了国际政治学和外交学文献外,还阅读了社会学、传播学和马克思主义等学科和领域的文献,以更好地把握该选题的丰富内涵。在技术外交实例分析的部分,笔者按照"能力—认知—行动"的框架分析各类国际行为主体开展技术外交的活动轨迹和因果链条,方便横向进行对比分析的同时也便于纵向总结归纳。本书最后还选取了人类命运共同体作为理解技术外交的困境、前景和路径的视角,虽然这是基于中国技术外交路径实际的一个初步的体系性分析框架,但这对于未来研究人类命运共同体总方案指引下的某一类型的外交发展或具体的外交战略也是有帮助的。

最后需要强调的是,本书试图通过系统地阐述新外交类型,从而在学理上为外交理论和理念创新提供新的视角,也为技术外交的实践和发展提供政策方面的建议,同时以中国为主体视角,在改善技术环境、国际关系以及更好地参与全球技术治理等方面做出些研究贡献。

第一,本书探讨数字化、网络化和智能化技术对国家实力变化、国际竞争和国际格局变动的整体影响,揭示当下技术权力的兴起以及技术引发的一些非传统的全球问题,具有时代意义。第四次工业革命是一次融合技术爆发的革命。当下新技术总体是基于信息物理的融合性创造,一个重要特点就是"通用性"。[①]通用性技术可以被各领域所应用,发挥对整个社会的颠覆性影响,是社会变革的根基之一。技术对全球发展的重要性进一步凸显,科学的贡献则更倾向于专业化的自然和社会知识发掘,因而对新技术"是什么"、对新技术内涵特殊性和重要性的讨论,以及对科学与技术进行区分是本书选题的大前提和大背景,也是技术外交被视作独立的外交类型的关键所在。同时,技术是历史在特定发展阶段的产物,也是重塑世界格局的重要条件之一,在横向上也贯穿于外交的政策制定、内容和效果中,在宏观层面

[①] 鲁传颖.新科技革命与国际关系研究[EB/OL].(2021-1-13)[2022-1-05]. http://www.siiss.org.cn/newsinfo/1076571.html.

上可以为研究技术外交提供线索。

第二,本书提出了技术外交的概念并对其理论、现实与未来发展相关问题作出全面研究,以这种新外交类型来统筹研究近年来涉及技术及其创新方面的外交理念和活动,并深入探讨技术对外交的影响以及外交对技术的反馈和呈现,具备一定的理论抽象程度和普适性,为学术界对相关议题的进一步研究做出贡献。在对技术外交进行定义后,笔者着重论述该概念当中的"技术"并对其与一些相似概念进行区分,用于厘清不同语言环境和学术语境下各类外交范畴的相似性和差异性。基于对技术外交的概念和理论界定,笔者对技术外交的实施方式、特点、影响因素等进行基本分析,将这种外交类型放在现今的技术发展、世界政局变革和全球治理体系中进行评价,这也可印证技术外交在当今世界的重要性。

第三,本书立足于当下国际关系现实,将技术外交放在了技术革命和世界变局的时代背景下进行讨论,以世界和平与发展的共同追求为展望,为这一宏大目标的实现而思考和探索实践路径和实施方式,回应了各国想要解决全球技术问题并走出技术交往困局的迫切需要。外交与和平的联系是天然而直接的,外交被认为是解决国与国之间事务的和平的手段和方式,是基于认可将各国尽量维持在稳定状态的业务和能力。技术则是一个变量,它显然对当下国际关系变局具有重要作用,也是外交中的常见议题,以技术作为抓手和条件促进外交类型的形成和机制改革,是站在国际关系"前线"的国家和外交官们具有能动性的探索。本书对一些国家的技术外交实践进行经验性的举例分析,但由于技术外交还是一个新生事物,尚缺乏系统性的研究支持。本书将清晰介绍并系统分析技术外交的基本方面,完善因果链条,便于读者更好地理解当下新技术是如何影响世界形势和国际关系的走向的,并站在更高的政治站位为技术外交未来的发展和解决人类共性问题提出建议。

第四,本书还追踪国际关系新热点、把握新动态,最终落脚于讨论人类命运共同体视域下的技术外交发展前景,特别阐述了基于构建人类命运共同体以推进和完善技术外交的中国路径,对我国的外交和对外政策研究具有现实意义。世界作为一个整体进入新技术时代的时间并不长,但受"数字思维"影响,国际秩序向着"不安的和平"转向的端倪已经出现。[①]基于资源和实力基础,主要发达国家在技术研发进展、技术外交理念创新和国际技术合作方面仍旧保持领先,分析其技术外交理念和实施活动可以为中国提供必要借鉴,但其中映射的传统霸权主义和地缘政治竞争的桎梏难以打破。而中国作为一个崛起中的技术大国,一直重视科学技术方面的外交工作,注重通过科技平台和渠道维护与各国的双边和多边关系。对中国自身而言,探索一条适合国情的技术外交之路,应成为未来的一段时间内中国国家总体外交战略布局的重要方面。而对世界而言,中国在面临技术打压和封锁的情况下能以实现人类福祉、应对共同挑战为重,具有中国特色的技术外交路径或更能成为打开技术互助和合作困局的钥匙,为世界提供宝贵经验。

技术外交在当今世界百年变局和第四次工业革命背景下应运而生,是技术权力兴起和国际政治结构变迁的直接反映。技术外交活动不断深入开展,为加强全球技术治理提供了诸多案例和经验,学者们应加快从实践总结、路径探索、体系建设到理论升华的研究步伐,进一步彰显技术外交的重要性。此外,中国也应充分发挥人类命运共同体理念的引领作用,以大国的责任和担当,完善技术外交路径,推动全球技术治理向着更加公平合理的方向发展完善。

[①] 阎学通,徐舟.数字时代初期的中美竞争[J].国际政治科学,2021,6(1):24.

第一章 技术外交:研究基础

笔者根据本书的研究主题和研究问题对相关文献进行了梳理,重点在于为技术外交作为一种独立的外交类型寻找理论依据和研究基础,按主题主要分为技术外交、技术权力与技术竞争相关研究,全球治理与全球技术治理相关研究,以及科技外交相关研究三个方面。

第一,笔者重点梳理了现有的将技术外交作为独立外交类型的相关研究。可以说技术外交是实践"先行"的,随着技术外交的开展,学术研究开始增多,但还远远不够丰富,因而近期关于技术权力的兴起和技术竞争的文献可以支撑开展技术外交的理论讨论。

第二,对全球治理与全球技术治理相关研究的梳理旨在研判在技术的快速发展下全球治理所遇风险和提升全球治理能力的机遇,也是技术外交兴起的另外一个重要背景因素。一些学者确实已经关注到全球议题中技术治理问题的增多和解决全球技术问题的关键性,并呼吁新的全球治理理念和方案的出现。但是就现阶段的技术战略竞争形势来看,以西方为主导的全球治理体系虽已有变革迹象,理念交锋与话语权较量激烈,但伴随新兴经济体崛起而提出的新理念在国际技术关系和技术外交变革中的作用,还并未得到国外学界和政界的足够重视,其中包括中国提出的人类命运共同体理念,需要进行更有针对性的研究。

第三,学者们对科技外交开展的研究为笔者探索技术外交的产生和梳理其发展脉络提供了支撑,科技外交的丰富内涵也为笔者研究技术外交提供了充分的借鉴。从中挖掘技术兴起和技术的独特作用是阐述这方面文献的首要目标,但是这方面的讨论在传统科技外交的体系论述中尚十分缺乏。

第一节 技术外交、技术权力与技术竞争

技术外交作为一个独立的外交类型进入全球视野,从技术权力的兴起中可以找到首要逻辑依据,也呈现了当下技术权力的相互制约与相互协调的关系的新趋势。

目前国内外学界很少有直接关于技术外交的研究。技术外交名义上由丹麦的外交官创立,其对创立和推行技术外交的必要性,以及在几个国家的技术外交活动进行过简述。[①]最早,技术外交仅被当作一个"倡议"活动,作为丹麦与一些大型科技巨头企业开启具体合作的抓手。通过其首任技术大使凯思伯·克吕恩(Casper Klynge)个人的积极宣传和活动,技术外交逐步被接受为一个独具特色的外交类型概念。相关工作也被写在了2018年丹麦对外政策回顾中。[②]美国旧金山湾区聚集了大批前沿技术企业,是全球科技创新和创意的核心区域,其动态经常牵动着世界各国的神经,与各国也有着比较深厚的经贸和科技合作基础。以各国在旧金山湾区开展的技术外交活动为案例,特雷莎·霍雷丝索瓦(Tereza Horejsova)等认为,开放创新的科技生态系统是经济发展的活力之源,通用技术更是越发成为各行各业的专业服务基础。技术经常走在政策"之前",但为了政策和技术的良性互动,各国外交系统与这些走在时代前沿的技术企业建立正式而稳定的关系是大势所趋。技术外交并不是"一头热"的交往过程,但是关于科技企业以及技术生

[①] KLYNGE C,EKMAN M,WAEDEGAARD N J. Diplomacy in the digital age:lessons from Denmark's techplomacy initiative[J]. The hague journal of diplomacy,2020,15(1-2):185-195.
[②] FISCHER K,MOURITZEN H. Danish foreign policy review 2018[R].Copenhagen:Danish Institute for International Studies,2018.

态在外交关系中的能动性还是欠缺讨论。①在近几年各国的政府工作报告或专业咨询报告中,技术外交被提及的次数开始增多。2021年G20 Insights②发布报告,认为就现在的新兴技术治理形势来看,科技企业的活动和业务方向对国家的政策选择有直接影响,但单一国家或国际组织处理这些问题的能力有限。因而,报告提出可以利用G20已有的合作机制建立联络业界、学界和政界的常设代表办公室,开展常态化的技术外交活动。③然而现阶段G20也未建立常设秘书处,这种提议被实际执行的可能性并不大。

可以说,技术外交成为一种独立的外交类型,其背后反映出的主要是技术权力的崛起。技术权力广义上是指技术的所有者或操控者所拥有的支配或控制他者的力量。④在国际政治领域,技术权力则指"国家行为体依据自身在技术领域的实力,迫使其他国家行为体做他们本不愿意做的事情的能力"⑤。舒建中认为,技术权力的含义尚未有明确界定,但一国可以运用技术实力和优势"影响和支配世界经济、政治、军事等领域国际关系发展"⑥。国际政治中的权力理论对于技术的权力性质,以及通过技术提升综合国力有过诸多论述。现实主义强调国家的物质性权力,认为对先进技术的占有和利用是国家在国际政治版图中"施予影响和控制的能力"⑦的重要方面。米尔斯海默(John J. Mearsheimer)认为国家权力由以财富决定的潜在权力和以军事力量决定的直接权力组成,⑧技术因素在其中发挥着提升"硬实力"的重

---

① HOREJSOVA T, ITTELSON P, KURBALIJA J. The rise of techplomacy in the bay area[R]. Geneva: DiploFoundation and the Geneva internet platform, 2018.
② G20 Insights 是20国集团的智库。官网:https://www.g20-insights.org。
③ RIORDAN S, JARRIN M T. A G20 tech diplomacy[R/OL]. (2021-09-15)[2025-01-31]. https://www.t20italy.org/2021/09/15/a-g20-tech-diplomacy/.
④ 王伯鲁.技术权力问题解析[J].科学技术哲学研究,2013,30(6):42.
⑤ 张倩雨.技术权力、技术生命周期与大国的技术政策选择[J].外交评论(外交学院学报),2022,39(1):63.
⑥ 舒建中.美国与国际制度:技术权力的视角[J].美国问题研究,2019(1):113.
⑦ 摩根索.国家间政治:权力斗争与和平[M].徐昕,郝望,李保平,译.北京:北京大学出版社.2006:56.
⑧ 米尔斯海默.大国政治的悲剧[M].王义桅,唐小松,译.修订版.上海:上海人民出版社,2021:163.

要作用,是国家经济发展的引擎,是军事实力的基础。①历史上各国由于科技创新和开发的程度不同、由于实力对比变化而产生的世界格局、国际体系和国际关系变化的例子比比皆是。②"二战"后美国在核能技术、航空航天技术、微电子技术等领域均保持领先,也助力其长期立于世界"霸主"地位。因此,技术也是塑造地缘政治的重要因素之一。

从信息技术革命开始,技术权力的崛起在国际体系、国际制度和全球治理变革中进一步凸显了其独立作用。从国际政治经济学的结构性权力理论角度出发,苏珊·斯特兰奇(Susan Strange)意识到知识技术在国际政治经济变化中的作用日益凸显,论述了知识结构意味着定义、传播、储存知识及其条件的权力结构,其逐渐成为获得安全、生产、金融这三种基本权力的推动力量。③依据约瑟夫·奈(Joseph Nye)的软权力理论,国家的影响力可以来源于文化吸引力和对议程设置的能力,④而社交网络和搜索引擎等技术平台为文化传播、政治沟通和各类活动的组织动员提供了先进的平台,可以成为外交中的制高点。以知识为基础的信息传播技术是当下社会的核心生产力之一,而以信息传播技术为核心基础,第四次工业革命的数字化、网络化、智能化技术重新拓展和组合已有的各类知识和生产力,推动技术的融合性爆发、社会经济的"组合式增长"⑤和日常生活的颠覆性变革,开始成为重要的独立变量。张倩雨提到,技术权力由三部分组成,即因技术安全化而产生的"卡脖子"强制性权力、凭借技术垄断或技术优势而把控国际生产网络的网络性权力、凭借对技术知识和技术标准的控制而获得的制度性权力。⑥新技术也在这三种权力方面发挥出了其他因素无法相比的作用,因为新技术

---

① 蔡翠红.高科技跨国公司的全球影响力探究[J].人民论坛,2019(34):35.
② 王逸舟.试论科技进步对当代国际关系的影响[J].欧洲研究,1994(1):4-6.
③ 斯特兰奇.国家与市场[M].杨宇光,等译.上海:上海世纪出版集团,2006:26.
④ 奈.硬权力与软权力[M].门洪华,译.北京:北京大学出版社,2005.
⑤ 张其仔,贺俊.第四次工业革命的内涵与经济效应[J].人民论坛,2021(13):75.
⑥ 张倩雨.技术权力、技术生命周期与大国的技术政策选择[J].外交评论(外交学院学报),2022,39(1):63-64.

及技术权力突破了地球和太空的物理空间领域的限制,延伸到了网络和数字空间领域,拓展了整个世界政治存在的空间和意义。①此外,随着智能技术普遍应用于治理与决策,所谓的"算法权力"——算法本质上具有的属性权力、运作海量数据的权力和赋能主体权力的延伸——也在推动国家权力向全球社会的渗透和扩张。②因而,各国围绕技术权力核心部署对内对外政策已是大势所趋。

与此同时,技术权力并不是国家行为主体的"专属"。今日,技术权力的崛起还充分体现在大型技术公司对世界经济和政治秩序的影响与重塑上。其中表现最突出的当属现在国内外学界和业界常提到的"技术巨头"(tech giant)企业,有学者称之为非传统型跨国公司当中的核心成员。③它们掌控着全球性社交媒体网络平台且不依赖传统的物质资源和有形资产,一定程度上在跨国事务的运作和全球技术的管理方面比国家行为主体更有行为能力和竞争力,并形成了一定的垄断优势。④在5G时代,高科技跨国公司前所未有的超级权力来源于技术优势、资金优势和市场优势,其中以技术优势为主导。⑤有学者认为,这种企业性质的技术权力运作更具有隐匿性、模糊性和灵活性,有赖于一套权力集中、管理智能化及数据(资源)汲取便捷的优势组织系统,与以权威为基础的国家技术权力的行使大相径庭,甚至可能使得近代以来形成的民族国家这种政治组织形态本身都面临挑战。⑥这样的技术权力不容小觑。因此,面对全球技术企业的技术权力崛起,不仅各类国际行为主体通过技术竞争推进权力格局重组的局面更加复杂,也会极大地影响现阶段的全球技术治理体系建构。

---

① 唐新华.技术政治时代的权力与战略[J].国际政治科学,2021,6(2):60-61.
② 张爱军,孙玉寻.算法权力及其国家能力形塑的主体透视[J].学术月刊,2021,53(12):97.
③ 黄河,周骁.超越主权:跨国公司对国际政治经济秩序的影响与重塑[J].深圳大学学报(人文社会科学版),2022,39(1):113.
④ 黄河,周骁.超越主权:跨国公司对国际政治经济秩序的影响与重塑[J].深圳大学学报(人文社会科学版),2022,39(1):114.
⑤ 蔡翠红.高科技跨国公司的全球影响力探究[J].人民论坛,2019(34):35.
⑥ 樊鹏,李妍.驯服技术巨头:反垄断行动的国家逻辑[J].文化纵横,2021(1):23.

权力的崛起会带来权力结构的变化和权力关系的重组。竞争则是推动这一过程的基本形式之一,且尤以大国战略竞争最为激烈和有影响力。在地缘政治视角下,守成大国站在了社会经济和技术发展的前端,为了维持在国际体系和世界秩序中的优势、满足自身利益和确保自身安全,也需要不断提升实力并获取权力。崛起国则会因为实力的提升不想一直处于产业链和制度制定的低端,因而在国际舞台上会追求更多利益和目标。① 从地位政治的角度来说,崛起中的新兴大国想要获得更多的影响力以及寻求国际地位的提升。王梓元提到,国际地位的提升彰显的是他国对自身实力及其一些优质品质的认可,崛起国希望提升国际地位实际上体现的是对这种认可的诉求,目标是降低他国对其敌对态度和行为。②

由于目前技术权力逐渐提升至国家权力组成的核心地位,各国的战略竞争也转移至技术领域展开。主要大国正在综合运用各类政策措施争夺技术权力。③ 以人工智能、大数据、物联网、生物技术、量子信息技术等为代表的新技术快速涌现,创新与研发领域的竞争仍在持续,各国都想要把尖端技术、核心技术掌握在自己手中。同时,当下的技术竞争还有两个新的重要体现:第一,标准和规则的制定不仅越发必要,也成为各国在有效监管和技术治理活动中的重点。第二,非国家主体,特别是技术企业权力的崛起,融合的是产业链、市场、资本等因素,以及数据、信息和用户等资源。这些非国家主体技术权力的提升大大增加了大国技术竞争的复杂性。按照詹姆斯·安德鲁·刘易斯(James Andrew Lewis)的论断,技术竞争绝非当下的新鲜事物——历史上美苏太空竞赛就是不同体系在新技术创新和研发能力方面的较量。但那些属于特殊的政府主导项目,当下的技术竞争则是一场关于投资、创新和治理的理念竞赛。空前的全球连通性不仅重塑了竞争的环境,还

---

① 王梓元.崛起国的大战略:竞争、合作与正当化[J].中国国际战略评论,2020(2):206.
② 王梓元.地位政治与中国崛起的地位伸张[J].外交评论(外交学院学报),2021,38(1):50.
③ 张倩雨.技术权力、技术生命周期与大国的技术政策选择[J].外交评论(外交学院学报),2022,39(1):62.

创造了各国都难以控制的政治和市场力量。这样的竞争既是国家竞争,也常常可见企业竞争的元素和内涵。①技术巨头在国际政治舞台中的作用已经不可小觑,有国家把它们当作独立的国际政治力量来对待,以在战略竞争的大环境下更好地提升自身实力和满足自身利益。这也是技术外交将技术巨头企业作为外交对象的直接原因。然而,面对新技术的持续融合创新、世界政治格局的演变和愈演愈烈的技术竞争态势,国家应该配备好外交"工具箱",实施有效的对外技术政策。这样的外交探索已然得到了重视和开展,反馈在了技术外交活动当中,但还未形成体系性成果。

第二节 全球治理与全球技术治理

全球治理既体现着世界发展进程中的必然趋势,也代表着各类国际主体的主动选择;既是一种理想追求,也是一种政治战略。全球治理包括"界定适当行为的规则、程序和规范,促进合作,并管理国家和非国家行为者之间的分歧"②,蕴含着多主体、多维度、多层次以及多空间问题的交叉融合。从问题视角出发,全球治理是以应对、解决全球性问题和维持正常的国际政治经济秩序为目标的机制和规则建设。③而从治理视角出发,全球治理应当能够体现多元行为主体的需求利益和平等协商,也能够对主体具有约束力,还能促进它们更有效地开展集体行动。然而从现状来看,全球治理没能反映世界格局和国际体系的变化,④也没能在解决全球问题的过程中充分发挥应有的作用。赵义良和关孔文总结了目前全球治理的三个困境:一是全球

---

① LEWIS J A. Technological competition and China[R/OL]. (2018-11-30)[2022-06-14]. https://csis-website-prod.s3.amazonaws.com/s3fs-public/publication/181130_Technological_Competition_and_China.pdf.
② KENNEDY S. Global governance and China: the dragon's learning curve[M]. London: Routledge, 2018: 5.
③ 薛澜,关婷.多元国家治理模式下的全球治理——理想与现实[J].政治学研究,2021(3):6.
④ 何亚非.选择:中国与全球治理[M].北京:中国人民大学出版社,2015:3.

治理面临合法性困境,导致其提供全球公共产品的效率降低;二是全球治理无法有效激励个体和集体理性的磨合,集体行动遭到抵制;三是当下去全球化动向明显和大国战略竞争激化,全球治理的领导力缺失、责任缺位,致使传统全球治理体系逐渐缺乏公信力。①在刘贞晔看来,俄乌冲突爆发,更是将当下全球治理体系的缺陷暴露无遗,大国博弈和地缘政治冲突重回世界政治舞台中心,全球治理的政治基础被进一步动摇,其秩序也面临被撕裂的可能。②

还有些学者关注到了目前一些非传统性全球问题的出现对传统全球治理体系的影响。刘常喜、毛博提到了国际社会在生物多样性和碳排放等非传统安全领域合作成果显著,但却无法阻止抗击新冠疫情的活动被政治化利用,一些主要的国际组织和国际机制在其中的迟缓表现甚至引发了"多边主义危机"。③杨洁勉认为层出不穷的非传统安全问题轮番挑战了全球治理现状,进一步作用于国际格局的变迁。④关于技术因素对全球治理的影响,在现有全球治理综合研究中,技术或科学往往被看作世界政治、经济、安全、社会等方面发展变化的诱导或介入性因素,例如,新技术的军事化应用影响了军事对抗的性质和方式等,进而影响战争决策以及危机管控的走向。⑤伴随第四次工业革命的持续推进、国际力量的重大变化,技术应该更被独立地看作治理的内容和手段,并在研究相关问题时把握技术的变迁、驱动和应用逻辑,以为完善全球治理体系寻找一条务实的途径。⑥由此,对全球技术治理的讨论就很有必要了。

---

① 赵义良,关孔文.全球治理困境与"人类命运共同体"思想的时代价值[J].中国特色社会主义研究,2019(4):102.
② 刘贞晔.俄乌冲突下全球治理面临的问题与挑战[J].世界知识,2022(12):16-19.
③ 刘常喜,毛博.全球治理困境之殇与中国方案[J].延安大学学报(社会科学版),2022,44(2):24.
④ 杨洁勉.当前国际格局变化的特点和全球治理体系建设的方向[J].欧洲研究,2022,40(3):10.
⑤ 姚远,方文青.科技革命与全球治理新议题——"南京论坛2021"国际关系分论坛综述[J].亚太安全与海洋研究,2022(2):90.
⑥ 高奇琦,陈志豪.从安全困境到全球治理:量子科技的国际政治博弈[J].国际展望,2021,13(4):52.

全球技术治理①指的是在全球化背景下,各国认可的科技活动管理机制,包括各自的责任、权利、地位以及相应的规则和制度等。②张钦认为,全球科学技术治理分为三个主要部分:一是全球问题的科学技术治理,即为全球公共产品的提供提出合理的科学技术层面的方案;二是科学技术发展的风险治理,即协调处理世界作为一个整体与科学技术发展的关系问题;三是科学技术创新的规则治理,直接涉及对科学技术活动的参与,为它们提供行动的执行力和强制力。③这和被学界广泛认可的科技外交的三个层面的内涵具有相通性,将在下文详细讲解。从治理诉求的角度出发,不仅是数字经济贸易、技术转移和知识产权等具体事务需要规范,由于新技术的发明、应用具有通用性和全球性,跨国界和跨领域的国际合作和全球治理也离不开对技术角色和作用的理解、考量与把控。④经济合作与发展组织(OECD)提到,技术治理涉及在研发、传播和运行技术的过程中对政治、经济和行政权力的行使。它可由法规、标准和习俗等规范组成,也可以通过构建风险管控和利益管理的实体和虚拟基础设施来操作。⑤从最广泛的意义上讲,全球技术治理代表了国家、社会组织和个人等多类国际行为主体塑造技术的多种方式的总和。

现阶段的全球技术治理正在经历大发展和大调整,发展的是技术市场、领域、网络、空间和资源,是主体对于技术治理问题越发重视的意识和越发加紧的行动;调整的是多利益相关者间角色、利益和权力的平衡,是对世界格局不确定性和价值观念复杂性的适应。全球的网络空间治理、大数据治

---

① 由于本书核心主题不在于全球技术治理,在此不做"科技全球治理""全球科学技术治理"和"全球技术治理"的术语辨析,认可其广义范畴的共通之处。对于本书所强调的"技术"的内涵,可参见第一章第一节第二目。但为与技术外交的研究主题相契合,本书使用"全球技术治理"的表述。
② 苏竣,董新宇. 科学技术的全球治理初探[J]. 科学学与科学技术管理,2004(12):22.
③ 张弦.我们需要怎样的全球科技治理[EB/OL].(2020-08-28)[2021-05-01].https://www.xinhuanet.com/politics/2020-08/28/c_1126422801.htm.
④ 陈强强.中国深度参与全球科技治理的机遇、挑战及对策研究[J].山东科技大学学报(社会科学版),2020,22(2):3.
⑤ Organization for Economic Cooperation and Development. Technology governance[EB/OL]. [2022-06-25]. https://www.oecd.org/sti/science-technology-innovation-outlook/technology-governance.

理以及人工智能治理等新兴技术治理都可见明显进展,但全球技术治理的实践,如世界经济论坛(World Economic Forum,缩写 WEF)报告中提到的,像是"拼凑"起来的范式,包括规范、原则、决议流程和机制安排等,①而且技术的治理不一定百分之百是全球性的,一些国家、地区或城市正试图回应自身的需求。与此同时,受现阶段国际形势影响,技术治理也正在被"战略化"。例如,美国不但从理论和实践双重层面试图构建更适合本国且更加灵活和开放的全球技术治理体系,更聚焦于新技术与国家安全和创新能力的相互支撑,特别是在5G和人工智能等特定技术领域通过了多项法案并拉拢伙伴同盟,强化既有优势,战略动机明确。②当然,个体国际行为主体的全球治理理念一般和其对外政策具有一致性,但战略化的治理和被政治化的技术都不利于全球技术治理体系的完善。交换想法和协调制定规范的途径和活动本身是有意义且应鼓励的,可以提升治理经验和建设性意见的流动效率和被采纳的可能性。③正因如此,如何避免相关国家、企业或其他主体利用技术优势损害人类社会的共同利益,应该成为当下技术外交和全球技术治理的重点方向。

现有的全球治理体系是以西方大国为主导建立的,其基础是"二战"以后形成的国际体系以及联合国、国际货币基金组织和世界卫生组织等国际机制。它们在很长一段时间内维护了国际秩序和国际关系的整体稳定,较为恰当地处理了政治、军事和经济等领域的问题。④然而这套全球治理机制是有西方中心特质的,也在处理当下实际的全球性问题时遇到了挑战和困

---

① World Economic Forum. Global technology governance: a multistakeholder approach[R/OL]. (2019-10)[2025-01-28]. https://www3.weforum.org/docs/WEF_Global_Technology_Governance.pdf.
② 尹楠楠,刘国柱.美国新兴技术治理的理念与实践[J].国际展望,2021,13(2):104.
③ World Economic Forum. Global technology governance: a multistakeholder approach[R/OL]. (2019-10)[2025-01-28]. https://www3.weforum.org/docs/WEF_Global_Technology_Governance.pdf.
④ 孙吉胜."人类命运共同体"视阈下的全球治理:理念与实践创新[J].中国社会科学评价,2019(3):124.

境。以金砖国家为代表的新兴市场国家和发展中国家力量的壮大对全球治理的各个方面都产生了重要影响,既在现有的全球治理框架下与其他国家通力合作,为世界的和平发展贡献力量;也不再做观望者,而是争做行动派,成为全球治理体系变革的积极推进者。它们在创新全球治理理念方面,也展开了积极探索。王友明认为,出于改变不合理和不平衡的全球治理体系的目标,这些探索和尝试存在一些共通性,例如,它们都主张全球治理主体的多元和平等,主张应对治理对象具有包容性和平衡性,且求同存异的合作姿态非常明显。①

中国的全球治理理念和行动可以说是受到全球瞩目的。习近平在中国共产党第十九次全国代表大会上提出了"共商共建共享"的全球治理观,既是中国积极参与建设全球治理体系的基本理念,也为世界提出了维护共同安全并促进共同发展的中国方案。②近年来,构建人类命运共同体的理念得到进一步倡导,勾画了"持久和平、普遍安全、共同繁荣、开放包容、清洁美丽的世界"的理想蓝图。③人类命运共同体号召各类国际行为主体应该兼顾公平和安全,本着包容性和持续发展的目标推进个体发展和国际政策协调。④一些学者认为,现有国际政治哲学的知识结构与价值导向无法完全适应百年未有之大变局,因此,从当下国际政治实践出发,人类命运共同体对国际正义观、国际权利观、世界文明观和国家关系观都进行了必要的重新审视和阐释。⑤

关于构建人类命运共同体理念还有很多成熟的讨论,在此不再赘述。

---

① 王友明.金砖国家的全球治理观与合作前景[J].当代世界,2022(7):34-39.
② 秦亚青,魏玲.新型全球治理观与"一带一路"合作实践[J].外交评论(外交学院学报),2018,35(2):1.
③ 习近平.携手建设更加美好的世界——在中国共产党与世界政党高层对话会上的主旨讲话[M].北京:人民出版社,2017.
④ 玄昕锡.国际经济新秩序下中国的转变和影响力:中国如何为命运共同体铺路?[G]//王灵桂.70年中国发展与人类命运共同体建设——中外联合研究报告(No.8).北京:社会科学文献出版社,2021:179-181.
⑤ 谢迪斌,郭培基.论人类命运共同体思想对国际政治哲学的创新[J].社会主义研究,2021(5):155.

须知,从当下现实出发,构建人类命运共同体仍旧主要依靠主权国家的力量,无法脱离国家自身的建设和治理,更脱离不开国家之间的合作。然而,随着世界格局的变迁,一些国际合作机制、国际组织,以及更多的国际行为主体不仅活跃于世界政治舞台,还发挥着越来越重要的作用。如何引导它们的理想、实践同构建人类命运共同体的大方向保持一致,则是本书考虑的关键问题之一。在系统研究技术外交的基础上可知,人类命运共同体的提出和演进既以新技术飞速发展为重要背景之一,新技术发展也为人类命运共同体构建了积极的话语和操作平台。此外,在建设全球技术治理体系和处理国际技术关系的实践中,构建人类命运共同体还未得到足够的重视,特别是一些西方国家对其理念和价值还存有怀疑。本书将在第四章中明晰该理念与中国技术外交实施的深刻关系,以及可以通过技术外交发挥出的价值与潜力。

第三节　科技外交

作为技术外交的重要文献基础,学界关于科技外交的研究整体而言相对丰富。在此,笔者对这些文献进行梳理,以进一步为构建分析技术外交的框架找到支撑,并为了解技术外交的内涵和范畴、技术外交的历史和时代任务,以及不同国家和地区的技术外交特色提供帮助。

一、科技外交作为一种类型外交

依据研究的层次和线索,科技外交的研究主要分为三大类型。

其一,是以科技外交(科学技术外交或相近名称外交)作为一种特定外交类型展开的关于其概念内涵、历史演进、作用特点等方面的综合讨论。美国科学促进会(American Association for the Advancement of Science,

AAAS)在20世纪70年代就派遣学会的科学家和工程师在联邦政府中任职,其中参加科学、工程和外交项目的会士一般在美国国际开发署(the U.S. Agency for International Development,USAID)或美国国务院任职,[1]为国家的对内对外科学技术政策的制定贡献力量。基于几十年在科技与外交领域的研究和政策实践,该学会也较早地对科学外交进行了全方位的讨论,提出科学外交包括三个层次的内涵:"外交中的科学",即科学为对外政策目标的实现提供信息和支持;"为了科学的外交",即外交用于帮助国际科学合作;"为了外交的科学",即科学合作为提升国际关系而服务。[2]随着科学与技术对国际社会发展的重要性不断增强,科技外交的内涵也得到深化阐述,例如,费德罗夫(Nina V. Fedoroff)认为科学外交是国家间通过科学合作来提醒人类面临的共性问题并帮助建立建设性的国际关系的渠道。[3]从更广义的层次来说,科学外交就是对外政策涉及的与科学及相关学科相结合的部分,但动机、目标和实施方式多样,包含学术交流、国际科学合作、为非研究目的的活动提供科学相关的建议等。[4]

朗吉思(Charlotte Rungius)在一份欧盟的"使用科学外交解决全球挑战"项目(Using Science for/in Diplomacy for Addressing Global Challenges)报告中详细论述了科学外交的方法、概念、内涵和建构科学外交的话语,认为科学外交在当下的国际环境中得到重视源自"全球正面临着紧急的危机"和"科技向善"两方面的话语作用力。[5]在特查提(Simone Turchetti)和拉里(Roberto Lalli)的论述中,科学外交的范畴与任务

---

[1] American Association for the Advancement of Science. AAAS Washington fellowships place scientists, engineers in year-long assignments on science, diplomacy, and security[J]. Science, 1990, 250(4981): 698.
[2] KOPPELMAN B, DAY N, DAVISON N, et al. New frontiers in science diplomacy: navigating the changing balance of power[R]. London: The Royal Society, 2010.
[3] FEDOROFF N V. Science diplomacy in the 21st century[J]. Cell, 2009, 136(1): 9.
[4] BERG L P. Science diplomacy networks[J]. Politorbis, 2010, 49(2): 69.
[5] RUNGIUS C. S4D4C—Using science for/in diplomacy for addressing global challenges[R/OL]. (2018-06)[2025-01-28]. https://www.s4d4c.eu/wp-content/uploads/2018/08/S4D4C_State-of-the-Art_Report_DZHW.pdf.

虽广度足够,但从外交活动到政策制定的转换机制仍不明朗,需要通过某些机构及其具体活动来搭建外交框架,因此他们从数据和大数据生产的角度切入,明确了当下"科学外交2.0"应进行基础建设,并指出科学研究应具备可满足本国社会所需或回应国际社会挑战的条件,才更能帮助各国切实实现合作共赢。[1]

可以看出,随着全球经济与科技发展和国际形势的变化,科技外交的研究越发得到重视,角度和内容也得以丰富起来。联合国贸易和发展会议(United Nations Conference on Trade and Development)的工作报告站在联合国整体工作的视角,着眼于发展中国家的科学、技术和发展之间的互动关系,对科技外交的意义、功能和适用场景作出综合阐述,特别论述了联合国系统正在行使的科学与技术职能,以此为基础,联合国系统可以从政策分析、能力提升(特别是人力资源提升)和外展服务三个方面为欠发达地区的外交服务。[2] 2007年,美国科学促进会的学者指出,中国与其他发展中国家加大科学技术投入,会吸引更多的学者通过提供合作机会来帮助这些国家加入全球科技事业中来。[3]然而,现存的一些制度也会在某种程度上阻碍发展中国家科学技术的发展。例如,1995年制定的《与贸易有关的知识产权协议》(Agreement On Trade-Related Aspects of Intellectual Property Rights)曾是最为全面的知识产权相关的多边协议。但是随着知识产权保护条款越发繁复,欠发达国家时常没有能力兼顾对知识产权的绝对保护与对研究开发的充分推进,因此在签订或遵守双边协议时受到很大压力。[4]相似的情况

---

[1] TURCHETTI S, LALLI R. Envisioning a "science diplomacy 2.0": on data, global challenges, and multi-layered networks[J]. Humanities and social sciences communications, 2020, 7(1): 6-7.

[2] United Nations Conference on Trade and Development (UNCTAD). Science and technology diplomacy: concepts and elements of a work programme (UNCTAD/ITE/TEB/Misc. 5). [R/OL]. (2003)[2019-11-10]. https://unctad.org/system/files/official-document/itetebmisc5_en.pdf.

[3] LESHNER A I, TUREKIAN V. Chinese science on the move[J]. Science, 2007, 318(5856): 1523.

[4] DAVIS L S, PATMAN R G. Science diplomacy: new day or false dawn? [M]. Singapore: World Scientific, 2015.

还能在近几年的计算机与软件技术开发合作中见到,也将会长期存在。

国内学者赵刚站在本世纪初全球化飞速发展的时间点,观察到全球科技资源不断丰富,对中国科技外交理论和实践作出了较为系统性的梳理。改革开放以来,中国外交整体服务于社会经济建设的思路非常明确。自20世纪80年代末期开始,中国以"科学技术是第一生产力"为口号,明确了科技在推动国家经济现代化建设中的基本作用,为中国发展提供了强大的活力和动力。然而,彼时外交为科学技术发展服务却体现得并不明显;相较而言,科技外交活动某种程度上被统筹在经济外交的范畴内,[①]科技外交作为一种类型外交得到重视主要是21世纪后的情况。党的十八大以来,中国领导人构建了较为完整的新时期外交蓝图,指出中国特色大国外交需服务于中华民族伟大复兴。科技外交在中国总体外交格局中,一方面可以为国家经济社会发展巩固基础,另一方面也可以帮助开拓新的交流和合作领域,因此进一步得到重视。[②]这也是科技外交在中国的内容越发丰富、制度越发成熟和建设更加体系化的体现。

其二,是以一国的科技外交,或者是一国针对某国家/地区开展的科技外交战略和策略来设计研究的。各国的关于科学技术发展或外交工作的政策报告、年度总结中,也会反映出相关议题。由于美国的科学技术发展走在世界前列,最早将科学技术和外交结合的研究主要出自美国。富兰克林·赫德尔(Franklin Huddle)在1980年提出,自美国独立战争开始,科学技术和美国外交互动的历史就开始了。他认为,在外交的各种类型和各个阶段中,都能看到科学技术元素;但他也提出,虽然美国科技发达,但这些优势罕被政府用于外交工作,特别是罕用于多边项目和合作中,美国需要消除外交机制中的体制差距和缺陷以应对科学技术作为主要力量推动的变化,也需

[①] 赵刚.科技外交的理论与实践[M].北京:时事出版社,2007.
[②] 罗晖.中国科技外交40年:回顾与展望[J].人民论坛·学术前沿,2018(23):55.

要承担科学技术协调责任以应对国际科学技术发展的全球性后果。①

基于美国的经历和经验,瓦法依(Hassan A. Vafai)和兰西(Kevin E. Lansey)综合了几十位学者的研究和发言,完成了三卷本的《科学与技术外交:聚焦美国,放眼世界》(*Science and Technology Diplomacy: A Focus on the Americas with Lessons for the World*)。在多样的主题讨论和领域中,科学技术均被视作增能器,也被称为美国的"实力标签"。但科技发展与政策制定之间的斗争与妥协一直存在,通过外交官进行政策交流和谈判的形式,实际上是很难完整或有效地强调国内和国际社会的复杂性和脆弱性。因而,诺伊赖特(N. Neureiter)也提到了提升外语语言能力与科学知识能力的培训应成为科技外交的紧迫任务,科技外交中的跨文化传播更是不可小觑。②但这部三卷本的编著更多是对美国科技外交在各个领域实践的总结和对未来的期待,也对一些国际组织在科技外交中发挥的作用表示充分肯定,却并未在理论和具体的学术问题方面进行深入研究。

1989年,格伦·E.施韦策(Glenn E. Schweitzer)的著作特别论述了戈尔巴乔夫改革时期科学技术在苏联国家安全和军事政策中的角色,以及苏美在科学技术领域的竞合关系。③施韦策曾在1960年代中期出任美国驻莫斯科首任科学专员(science officer)。他认为,由于情报机关插手核武器和航空科学等高技术方面的交流交换,改革前的美苏政府间正式外交谈判往往寸步难行。戈尔巴乔夫对于科学技术的重视,既推动了苏联的自我创新,也促使苏联开放和美国在科学技术方面的合作,但受争霸逻辑的影响,两国防范对方技术实力增长的"主旋律"一直没有变化。施韦策提出了这样的问

---

① HUDDLE F P. Science, technology, U.S. diplomacy: history and 1978 legislation[J]. Technological forecasting and social change, 1980, 17(4): 353-363.
② NEURELTER N. Cross cultural communication: science diplomacy [G]//VAFAI H A, LANSEY K E. Science and technology diplomacy: a focus on the Americas with lessons for the world. Volume I. New York: Momentum Press, 2018: 23,31,32.
③ SCHWEITZER G E. Techno-diplomacy: US-Soviet confrontations in science and technology [M]. Berlin: Springer, 2013: 21.

题:"我们如何才能最好地应对推动这种(国与国)关系的未来技术的到来?"①到今天,这仍旧是处理大国科学技术关系时具有现实导向的问题,提醒我们既要关注国内利益所需,也应跳出对抗思维,防止科技被"武器化"。

  欧洲各国各自的科技外交也呈现出不同的特色。法国经济发展一直保持在世界前列,也拥有世界第三大的外交网络,其科技外交在为科学、技术、创新与外交事务搭建桥梁,在为本国网罗金融和人力资源方面发挥了非常重要的作用,也为法国营造了文化和科学友好的国际形象。②斯佳丽(Monika Szkarłat)认为波兰的科技外交的主要来源是文化和公共外交,是促成对外政策的工具。该国的科学技术在上个世纪罕有发展,1990年代,在国家经历了政治体制变革后,科技外交很快被提上日程,并首先由一些科学团体的国际合作开始推动。③亚洲最早注重科技外交的当为日本,日本很早就开始研究技术革命和科技外交的关系。有日本学者认为,技术的研发和生产需要大额的资金投入,因此从研发费用布局看,1980年就基本形成了美苏、日本和西欧三大技术力量支配的世界。但是这也造成了技术生产国和技术消费国的分野,后者在技术领域基本处于资本和生产国的支配之下,某种程度上造成了发达国家和发展中国家的对立关系。崛起中的日本不仅要面对美苏和西欧的传统科学技术优势带来的压力,也要面对贸易和技术摩擦问题,还要面对和发展中国家的友好相处问题。④这些学者们的观点较早地指出了科学技术发展在与经济贸易和国家利益相结合考虑后的复杂性,道出了科学技术崛起国面临多重压力的困境。这个角度一定程度上丰富了美国科学促进会关于科学外交的三重含义框架,但是该组织并未进一步展开阐述,也没

---

① SCHWEITZER G E. Techno-diplomacy: US-Soviet confrontations in science and technology [M]. Berlin: Springer, 2013:21.
② RUFFINI P B. France's science diplomacy[J/OL]. Science & diplomacy, 2020, 9(2)[2022-09-16].https://www.sciencediplomacy.org/article/2020/frances-science-diplomacy.
③ SZKARŁAT M. Science diplomacy of Poland [J]. Humanities and social sciences communications, 2020, 7(1): 4.
④ 青山贞一,范作申.技术革新与技术外交[J].国外社会科学,1984(2):48.

有就科学技术本身对国际关系调和或变动的意义作出解释。当然,有学者认为,日本是最先使用并定义科技外交的国家,初衷是提升本国实力且促进与他国的合作。这样的意图至今未变,自2015年以来,日本外务省的外交蓝皮书中都会有关于科技外交的一个章节,突出日本在该领域的优势和贡献。①

其三,总体来讲是依据科学技术的类型、其中一个环节或具体科学技术问题而开展的外交理念和实践研究分析,涉及一些交叉领域和主题。在学术界未对科学与技术外交有系统讨论之前,这类文献较为常见,从环境类的臭氧外交、气候外交,到核外交、航空航天外交,以及近年来的"碳中和"外交,等等,实际都同科技与外交的相互服务的关系密不可分。

近几年也开始出现基于数字和互联网技术的迅速发展而展开的关于科技外交的讨论,以及受人工智能技术和应用影响的国际关系和外交政策的研究。互联网、社交媒体技术和应用越发成为各国外交部门、驻外使馆和外交官们辅助日常工作的工具和渠道。②有学者认为,从操作层面来说,数字技术和应用可以作为外交工具、媒介,数字合作可以作为对外交往内容,数字生态又可以改变外交制度的组织文化等。而从组织文化来说,不同于在物质世界所拥有的规则,传统政治世界因网络空间的存在和数字媒介化作用而具有一套新规则,但暂未形成秩序,这与外交部门根深蒂固的组织文化与数字外交的平台、特质、前提、假设之间甚至存在矛盾。③因此,当下外交转型过程中要注意在传统和新兴、虚拟和现实、技术和理念之间实现平衡。④日渐

---

① YAKUSHIJI T. Why Japan needs science and technology diplomacy[EB/OL].(2009-06-30)[2020-11-03]. http://www.worldsecuritynetwork.com/Japan/Yakushiji-Taizo/Why-Japan-Needs-Science-and-Technology-Diplomacy.
② 史安斌,张耀钟.数字化公共外交:理念、实践与策略的演进[J].青年记者,2020(7):78-81.
③ 任远喆,波乔拉,周幻.数字化与当代外交的转型——基于组织文化理论的视角[J].外交评论(外交学院学报),2019,36(1):1.
④ BJOLA C. Adapting diplomacy to the digital age: managing the organisational culture of ministries of foreign affairs[R/OL].(2017-03)[2021-01-09].https://www.swp-berlin.org/fileadmin/contents/products/arbeitspapiere/WP_Diplomacy21_No9_Corneliu_Bjola_01.pdf.

完善的人工智能技术也对外事和领事服务的效能具有提升作用,①人工智能和其他技术的融合并进,更会对国际关系产生重要影响。例如,人工智能技术可以快速、有效地分析大数据,帮助判断信息的虚实、预测事情发展的走向,或者分辨地缘政治的风险等。②欧洲议会发布的报告《人工智能外交》(Artificial Intelligence Diplomacy)中称,人工智能还是地缘政治的角斗场,欧洲将中国的电信公司"逐出"欧洲网络是一个地缘政治的决定;在美国忙于和中国竞争时,欧洲发起对美国技术企业的审查也是一种地缘政治的表现。然而,欧洲内部的事务已经足够复杂,一方面很难再对其他外部行为主体施加地缘政治影响,另一方面内部行为主体对制定共同的地缘政治政策的兴趣不如对推动经济共进的多。③因而,以人工智能发展的时代环境为指向,重新定位本区域的优势和需要,才能更好地针对不同外部主体制定战略和策略。然而,人工智能技术及其技术服务的供应方是否足够可信、数据使用是否真实和安全,以及如何把控处理数据流动的风险等,形成环环相扣的风险链条,都是给政策制定者留下的亟待解决的问题。

二、中国科技外交

在中国的学术语境下,"科学技术"是一个具有完整意义的词汇,被简称为"科技"。中国的科技外交是国家科技战略和对外政策的重要组成部分,其科技外交思想、国际科技合作、科技创新战略均服务于国家总体外交工

---

① HÖNE K, LORENZ P. Artificial intelligence and diplomacy: a new tool for diplomats? [EB/OL]. (2018-12-03) [2020-11-03]. https://www.diplomacy.edu/event/artificial-intelligence-and-diplomacy-new-tool-diplomats.
② AI and diplomacy: opportunities and challenges in the digital age[EB/OL]. (2020-02-27) [2021-01-09]. https://www.belfercenter.org/event/ai-and-diplomacy-opportunities-and-challenges-digital-age.
③ FRANKE U. Artificial intelligence diplomacy: artificial intelligence governance as a new European Union external policy tool [R/OL]. (2021-06) [2022-08-01]. https://www.europarl.europa.eu/RegData/etudes/STUD/2021/662926/IPOL_STU(2021)662926_EN.pdf.

作。中国学者的相关研究起步较晚,角度较为单一,但内容逐渐丰富起来。

中国的科技外交和其他国家有相似也有不同。从起因的角度来说,中国科技外交的兴起也立足于本国的国家安全和经济发展需要,通过科技引擎提升国家综合实力以进一步增强在国际舞台上的政治、经济和军事竞争力。日益加速的全球化则要求科学技术必须走向开放合作。① 无论是以外交促进科技繁荣还是通过科技发展达成对外战略目标,都已经成为中外科技外交兴起的外部驱动。② 然而,作为世界上最大的发展中国家和社会主义国家,中国的科技外交在历史沿革和组织管理方面都具有特殊性。从历史角度来说,它是随着中国的社会主义现代化建设发展和成熟起来的,③ 特别是改革开放后,中国赶上了第三次工业革命浪潮,将"科学技术是第一生产力"的号召与独立自主外交政策相结合,不再以意识形态和社会制度区分合作对象,经济发展和科技外交实现双重飞越。随着"冷战"的结束,世界格局开始向多极化转向。1992年,中国的各项事业加速发展,更加看重科技在经济实力和综合国力增长中的核心作用,通过技术转让和自主创新助力中国迈向大国之路。④ 党的十八大以来,站在新的历史起点上,习近平提出"创新是引领发展的第一动力,是建设现代化经济体系的战略支撑"⑤。在以西方为主导的国际经济政治秩序中,中国作为崛起国,难以在国际事务中获得真正的发言权和代表性,一些西方国家利用不对称的体系开始向中国发难,在涉及高新领域的软硬件和核心技术方面尤见封锁和制裁。改革开放后,经历了大发展的中国科技外交仿佛也遇到了瓶颈,需要综合各种因素重新定位科技外交战略和策略。此外,目前中国的科技外交还在延续着经济外交与文化外交糅合的发展路径,未被作为一种独立外交形式而得到足够的战略

---

① 陈焕根,奚玉畴.科学技术开放则荣封闭则衰[J].湖北大学学报(哲学社会科学版),1988(4):89.
② 陈倩,李红.新世纪以来科技外交国内文献综述[J].全球科技经济瞭望,2020,35(11):71.
③ 范瑞莹.中国共产党科技外交实践与理论研究[D].郑州:郑州大学,2011.
④ 席勒,翟秀凤,刘烨,王琪,贾宸琰,季佳歆,方晓恬.信息传播业的地缘政治经济学[J].国际新闻界,2016,38(12):23.
⑤ 习近平.决胜全面建成小康社会 夺取新时代中国特色社会主义伟大胜利——在中国共产党第十九次全国代表大会上的报告[M].北京:人民出版社,2017.

重视,例如,科技部门与外交部门或其他部门之间缺乏有效的协调和沟通机制,对外行动不够一致;在国际科技合作中,缺乏相应的经费配套政策和项目评估体系,形式大于效益。[①]学者们已经开始关注如何完善中国科技外交理念,并在实践中更好地发挥科技外交的影响力,包括在人类命运共同体的指引下对科技外交进行理念设计,以更好地适应内外部条件的变化。

---

① 赵刚,张孟军.科技外交应纳入国家外交战略[J].创新科技,2008(4):26.

第二章　技术外交的理论界定及时代意义

技术外交是本书的研究主体和核心概念，也是本书研究问题提出、分析与解答的关键点。技术外交是一种新的外交类型，其产生和发展有着复杂的时代背景，还蕴含着外交主体、对象、范畴和范式等方面的变化。本章从对技术外交进行概念界定开始，特别对该外交类型中"技术"的内涵和外延进行阐释，进而对技术之于外交产生的作用机制进行分析，对这种外交类型进行系统的理论界定。本章还对其他相关概念进行辨析，帮助划定使用这些概念的学术场合，并对技术外交产生的时代背景展开论述，追溯其历史发展。

第一节　技术外交的理论界定

本节对技术外交的概念进行界定，对技术外交中的技术内涵和外延以及技术对外交的作用机制进行详细阐述，旨在充分把握技术外交"是什么"的问题。

一、技术外交的概念

当前，学界罕有将"技术外交"（technology diplomacy，简称 tech diplomacy 或 techplomacy）作为一个独立的学术概念开展的讨论。本书将技术外交定义为各国政府与以跨国技术企业为代表的各国技术生态中的国际行为主体开展对话,致力于通过技术实力、技术能力和技术潜力产生影响,从而满足本国国家利益、获得竞争优势、解决技术相关政治经济社会问题以及达成参与全球技术治理目的的系列外交活动。

技术外交以母国派遣技术外交代表同东道国的技术生态进行互动为常规模式,外交代表负责介绍母国技术政策和活动、协调技术事务以及探讨规范制度的制定,与东道国的政府部门、全球科技企业、非政府组织以及技术移民群体等对象进行接洽。各类主体对代表意图作出反馈,对相关议题开展讨论,通过交换关于业务和政策的知识与意见,协调并解决技术标准、行业规范、贸易规则和监管机制等方面的不协调和不规范问题,令其符合本国的生存、发展或价值利益。驻外技术外交代表更可以在相对长的时期内了解东道国的政策和全球科技企业的业务范畴,帮助维护彼此友好关系,促进技术和人员交流(见图2-1)。

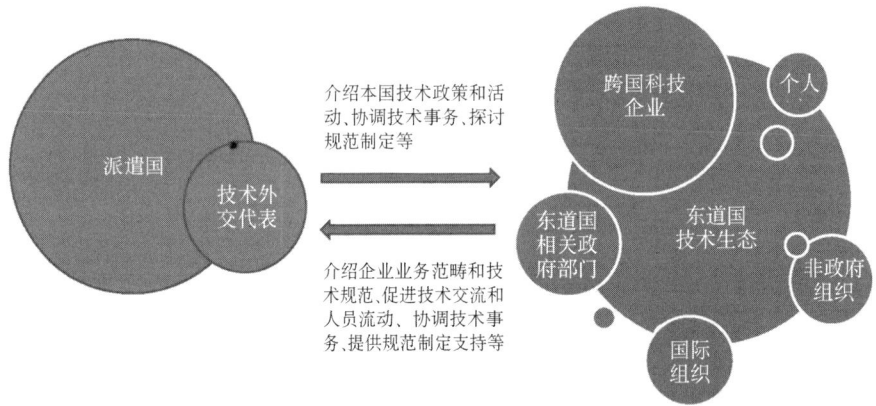

图2-1 技术外交的基本模式

可以看出,技术外交注重与东道国技术生态中的多利益攸关方特别是技术企业开展对话,这并不意味着技术外交因此而受到局限。国家是国际关系中最重要的政治统一体,与企业、学术界、媒体、民间团体等其他参与者和相关行为者分享着当下世界政治的舞台。此外,需要多边和多利益攸关方解决的技术问题往往是基础而全球性的,包括网络空间的信息、数据流动,以及其他关于数字服务、网络治理、技术普及等整体影响当代社会的合法关切问题。因此,加西亚(Eugenio V. Garcia)的定义更加强调了技术主体的多样性,认为技术外交是国家、私营部门、民间社会和其他团体之间就全球数字政策和新技术等国际关系问题进行对话和谈判的行为和实践。① 然而,一些学者也提出,虽然技术可以成为推动变革的强有力的因素,但一个平衡且系统的外交体系更为重要,以确保多边机构或多利益攸关方的有效倡议和权威制度的合法决策和执行。② 因而他们认为,技术外交的重点不在于参加外交活动主体的改变,而在于国家通过总体外交设计调动各类国际行为主体参与到可以帮助技术进步的外交活动中来,并在此基础上有效协调国家间的关系。③ 这体现了技术外交的整体性和对总体外交反馈性和支撑性的方面。

在此,本书有必要论析"科技外交"与"技术外交"两个概念。

中国学术和政策语境常用"科技外交"(science and technology diplomacy)的表述,而研究科技外交的学者在界定该概念范畴的时候较一致地使用了西方为"科学外交"(science diplomacy)进行分类定义的方式,即科技外交包含"外交中的科技""为了科技的外交"和"为了外交的科技"三维含义。④ 在此基础上,罗晖和李政认为,"科技外交是国家总体外交战略的重要组成部分,一般指为了实现一国的科技战略和对外政策目标,以官方或者官

---

① GARCIA E V. What is tech diplomacy? [EB/OL]. (2022-06-14)[2022-10-10]. https://behorizon.org/what-is-tech-diplomacy-a-very-short-definition.
② HOLLIDAY S. The intersection of tech and diplomacy: global collaboration on emerging technologies [EB/OL]. [2022-10-10]. https://www.protocol.com/sponsored-content/the-intersection-of-tech-and-diplomacy-global-collaboration-on-emerging-technologies#toggle-gdpr.
③ HOLLIDAY S. The intersection of tech and diplomacy: global collaboration on emerging technologies [EB/OL]. [2022-10-10]. https://www.protocol.com/sponsored-content/the-intersection-of-tech-and-diplomacy-global-collaboration-on-emerging-technologies#toggle-gdpr.
④ 郑泽民,邓颖颖.21世纪西方科学外交的内涵、概念、功能与困境[J].太平洋学报,2021,29(3):14.

方委托方式,通过双边、多边等合作渠道,在缔结条约的框架下,处理对外科技合作事务的有关活动。科技外交既包括服务外交的科技,也蕴含服务科技的外交,既包括政府科技外交,也包括公共科技外交和民间科技外交"①。从以上提及的泛化意义层面来说,技术外交与科技外交的含义相近,包含着因科学技术议题或通过技术渠道调节国际关系之意,②可以说是科技外交的一个子类型。科技外交一方面强调通过国际科学技术合作等提升经济军事硬实力,另一方面双向传递科技创新理念和文化,呈现软实力的特点。这种"软硬兼施"和"刚柔并济"在技术外交中也有体现。

但本书提出技术外交的概念,并不是在钻中文表述的空子。科技外交的定义如同经济外交,体现的是外交活动的内容范围,而技术外交定义的根本依据是权力的兴起和范式的更迭。具体来说,技术外交作为一个独立的外交类型在以下三个层面有别于科技外交。

第一,从词语语义层面来说,科技是科学与技术的统称,是两个不同概念的糅合。现当代意义上的科学,广义上来说是一种知识生产和知识存在,大略相当于高端知识、典范知识;而狭义科学的概念就是指现代科学,是分科化的、职业化的、实验的并且有潜在应用前景的知识发掘和探索,其最直接的成果就是有关自然过程和人类社会的知识体系。这个概念与英文"science"一词的使用基本同时起源,正是在助力西方文明崛起的现代科学完成建制化后独立发展的一个半世纪之前。③而技术一词的现当代惯用意义,一方面保留了技能、技巧的直白含义,另一方面,正如布莱恩·阿瑟(W. Brian Arthur)认为的那样,技术的本质是"被捕获并加以利用的现象的集合",是技术在引领科学为捕获、观察和预测现象提供手段和方法,从而使科学成为"现象的正式知识"。④马克思也认为,技术是社会生活的基础,广泛存在于人

---

① 罗晖,李政.关于科技外交的学理分析:内涵、特点、策略等[J].今日科苑,2021(4):26.
② 张佳佳,王晨光.中国北极科技外交论析[J].世界地理研究,2020,29(1):65.
③ 吴国盛.什么是科学[M].广州:广东人民出版社,2016:23-25.
④ 阿瑟.技术的本质:技术是什么,它是如何进化的[M].曹东溟,王健,译.杭州:浙江人民出版社,2014:53,63.

类目的性活动的各个领域,有多少领域就有多少技术类型。①词语语义上的不同是技术外交区分于科技外交的最浅显也是最基础的层次。

第二,技术外交突出"技术"的独立性,从内涵上弱化了"科学"的意蕴,体现了外交伴随新技术革命范式更迭的必要性。库恩认为科学革命是科学世界观的改变,也是实践科学的方式和传统的更替,②而能够实现这样转变的是"范式"(paradigm)的转换,即科学共同体所公认和遵守的整体性和系统性的"假说、理论、准则和方法"③发生了根本性的改变(见表2-1)。科学与技术糅合为一个"科技"词汇,这和20世纪以来科学与技术的一体化进程脱不开关系,是一个历史性的结果。科学与技术的结合,在诸多领域和学说中都被认可为各种翻天覆地变化的力量之源,它动员了现当代人探索、揭示自然规律,创造和设计人工世界。④因而,"科技"的使用具有历史路径的印记。詹姆斯·E.麦克莱伦三世(James E. McClellan Ⅲ)曾讲述,第一次工业革命中,作为代表的蒸汽机更多源自对工匠技艺和应用的追求以及对产业效率提高的需要,直到19世纪以电力和石油工业为代表的第二次工业革命中,科学与技术才紧密结合。⑤这尤其体现在了技术进步是以科学发现和科学原理的深化为基本依据,科学与技术可以相互融合、相互促进和相互转化。⑥第三次工业革命开始,知识型企业家成为创新群体中的先行者,以提升新供给能力创造出新的社会需求。政府也投放大量资源,并以多种方式深度参与基础科研,特别是在军工领域,对高风险、高成本和极具复杂性的技术研发具有关键作用。兼具活力和实力、多类主体的紧密合作大大推动了产学研一体化进程,成为第三次工业革命的核心驱动力。特别是在中华人民共和国

---

① 刘大椿,等.审度:马克思科学技术观与当代科学技术论研究[M].北京:中国人民大学出版社,2017:48.
② 刘磊.双层范式与科学传统改变——库恩科学革命理论的新解读[J].自然辩证法通讯,2016,38(4):121-124.
③ 胡安宁.宗教社会学:范式转型与中国经验[M].北京:社会科学文献出版社,2013:17.
④ 刘大椿.自然辩证法概论[M].2版.北京:中国人民大学出版社,2008:9.
⑤ 胡翌霖.什么是技术[M].长沙:湖南科学技术出版社,2020:97.
⑥ 冯昭奎.科技革命与世界[M].北京:社会科学文献出版社,2018:17.

成立之初,市场经济和产业技术商用还没有出现,国家领导人更注重科学与技术在保障国家安全方面的运用,且二者均由军队或体制内单位管理。这样的实践也逐步促成了科学与技术在中国被当作一个事物来看待。

表 2-1 四次工业革命范式变迁

	时间阶段	关键领域和手段	核心创新动能	变革特征
第一次工业革命	1760—1840 年	煤炭、蒸汽机、机械织机	工匠技能和技艺的改进	机械化
第二次工业革命	19 世纪末—20 世纪初	电力、石油、大机械制造、工厂流水线	科学发现和科学原理的深化和普及	大规模生产和劳动分工
第三次工业革命	20 世纪 60 年代开始	计算机、互联网、自动化、网络化	产学研深度融合	数字化和逻辑的自动化
第四次工业革命	21 世纪初开始	大数据、人工智能、智慧分析、算法算力	突破性技术簇群与重组	网络—物理系统的社会内化和制度化

而现在提出技术外交,并将科学和技术分开,从科学与技术发展走向的层面说具有范式转换的必然性。当下,顺应第四次工业革命的浪潮,数字化、网络化、智能化技术融合发展,在经济社会发展中的作用大大提升,涉及"技术"的知识——包括技术操作知识、知识流动渠道的搭建和社会内化、技术如何在产品和服务中呈现,以及技术对各领域的体系性支撑,还有为创新和产业价值赋能等方面[①]——的重要性大大增加。这些知识产生、储存与传播的语言、符号和模型,以及行为意义上的共同体活动已经发生了非延续性的更迭,新传统正在形成。[②]特别是当数字和虚拟物不断独立于物理材料和空间,虚拟世界和元宇宙越发被前沿机构和企业所推动,科学在某种意义上回归了本源,继续致力于探索自然规律和解释现实社会现象等确定性演化的问题,而将颠覆性改变、不确定性演化和经济社会整体进化的使命逐步交

---

① LEIJTEN J. Exploring the future of innovation diplomacy[J]. European journal of futures research,2017,5(1):20.
② 刘磊.双层范式与科学传统改变——库恩科学革命理论的新解读[J].自然辩证法通讯,2016,38(4):123.

还给技术进化了。①因而从时代意义层面来说,技术外交是对技术范式转换在外交领域的反馈,其涉及的交往对象、领域(经济、政治、社会、文化)和要解决的问题范围更广,整体性更强,由此引发了服务于此类外交的外事系统的改变,是一种不同于科技外交的外交类型。

第三,在国际关系领域,技术外交也体现了当下全球治理范式中技术权力兴起与新的权威空间的拓展。从外交内容和外交对象上来说,技术外交具有历史雏形,涉及技术领域与跨国企业的交涉等活动。例如,苏联成立以后主动与美英重要的重工业机械和电气水利公司签约,甚至邀请了世界著名的设计师与工程师参与机械制造与厂房建设,助力其工业化和军事化进程。②"冷战"结束后,继承"巴黎统筹委员会"的衣钵,西方国家又主导了"瓦森纳安排",对部分国家的军民两用物项进行出口管控。③在经济外交中,跨国公司的地位和影响也得到了关注,它们经与政府部门博弈,可以通过在全球范围内配置资源影响母国和东道国的对外经济政策。④然而,这些活动的经济性质非常显著,往往是以调整对外贸易的方式谋求或阻碍发展利益。此外,就这些技术公司的角色而言,它们未被国家和政府当作可以直接商讨治理问题或政策制定的外交对象,国家间的协调机制发挥了全部外交功能。这点尤为重要。在第四次工业革命背景下,对新技术、新经济形态和新力量崛起的考量是界定技术外交概念的核心。当下,非国家行为主体持续增加与活跃,成为推动世界格局演进的重要角色,其中全球技术巨头公司不仅可以提供当下全球所需的一些公共产品、引领文化潮流,还具有安全、生产、金融和知识四个方面的结构性权力,对世界经济政治秩序的实际影响甚至已

---

① 阿瑟.技术的本质:技术是什么,它是如何进化的[M].曹东溟,王健,译.杭州:浙江人民出版社,2014:214;钟义信.范式革命:人工智能基础理论源头创新的必由之路[J].人民论坛·学术前沿,2021(23):26.
② 李星.冷战时代对社会主义阵营的遏制:巴黎统筹委员会的前世今生[J].国家人文历史,2020(4):110.
③ 侯红育.瓦森纳安排的缘起与发展[J].国际论坛,2005(4):1.
④ 黄河.跨国公司与当代国际关系[M].上海:上海人民出版社,2008:269,297.

经超过一些国家行为主体,成为时代造就的"超级力量"(superpower)。①此时与它们建立直接的外交关系就非常必要了。

从权威空间的角度来说,当下国际体系和全球治理还处于以领土为基本体系单位、以主权国家为中心的"威斯特伐利亚范式",②但目前相当一部分重要的政治性活动不仅不再受领土政治束缚,还处于新技术发展的因果链条之中。赫尔德(D.Held)认为,全球政治的即时性本质是受20世纪末微电子、计算机和信息技术飞速发展影响才发生的根本性变革,③那么当下网络和虚拟空间的拓展既开辟了全球政治可以运行于其上的整体而完整的平行空间,也越发冲击着国家和政府具有垄断性质的权威。新"权威空间"(spheres of authority)具有极大的灵活性,更加依赖对相互关系的检验;④部分则因知识性和专业性开始具有准入限制,产生了依赖性集中对象或倾向的转变,形成新的"权威等级体系"。⑤ 在这种新的时空向度下,新的共同体依据更加广泛但碎片化的利益需要而不断出现,并形成了全新的政治包容体制或排斥模式。全球技术公司仅仅是众多在新技术革命背景下兴起的技术主体之一,技术外交正是体现了这种趋势——已然形成的各类型主体以平等、协商和合作的姿态参与全球议题商讨和全球技术治理,呈现出对边际化体系的消解。

在第四次工业革命的背景下,技术外交的兴起是技术变革以及国内国际形势等变革综合影响的结果,如上所述,它反映出了当下技术范式的变革、技术知识的社会性和颠覆性,以及技术权力的兴起、新技术主体重要性的增加和新的权威空间的拓展。可以说,技术外交不仅具有特定的议题指

---

① 蔡翠红.高科技跨国公司的全球影响力探究[J].人民论坛,2019(34):35.
② 陈玉刚.范式转换与新国际关系议程[J].国际观察,2009(5):20.
③ 赫尔德,等.全球大变革:全球化时代的政治、经济与文化[M].杨雪冬,等译.北京:社会科学文献出版社,2001:81.
④ 罗西瑙.面向本体论的全球治理[G]//俞可平.全球化:全球治理.北京:社会科学文献出版社,2003:63.
⑤ 罗西瑙.面向本体论的全球治理[G]//俞可平.全球化:全球治理.北京:社会科学文献出版社,2003:65.

向,还呈现出现今外交的一些非传统形态。

学者们对外交概念的理解长期存在争议和分歧。狭义的外交指现代职业外交,指称威斯特伐利亚会议后国家代表以和平的手段处理国家间事务的活动,①其中职业外交官的外交技艺被格外突出。② 这种以国家和职业外交为中心的范式成为学界和政界理解外交概念和开展外交事务的传统主导范式。"冷战"以后,特别是随着全球化的发展和信息革命的推进,"大外交"或"总体外交"的概念逐渐被认可和使用,其是指既包含政府官方和非官方外交,也包含经济外交、文化外交、科技外交和公共外交等各领域和各方面具有跨国交流性质的交流活动。③这种广义的定义不仅表明了外交是执行国家的任务和使命的行为,而且是有关国际社会探讨共同问题并维护国际体系运行的经常性的制度实践,具有社会化、公开化、民主化和虚拟化等特征。赵可金认为,从这样的概念争论和变迁中可以看出,学术界开始为非官方、非传统外交的创造发展开拓空间,探索外交更加丰富的内涵和外延,并认为这会有助于推动一种更加平等的、网络化的和稳定的非国家行为体外交范式的出现。④

新技术的融合爆发,使得当下外交调动了前所未有的跨国要素,释放出巨大的变革能量和潜力。从技术外交的定义出发,它既涵盖了主权国家国际行为主体之间的传统外交,也将讨论主权国家如何与其他各类国际行为主体相处、激励它们的配合积极性并将其纳入总体外交战略中;还拓展到了各类国际行为主体和多利益攸关方可以广泛参与的领域,特别强调了技术巨头和跨国技术企业作为独立外交行为主体的角色地位,呈现出组织社会化、运行专业化、角色多元化等非传统外交的综合特色。因此本书采用外交的广义定义,并以此为基础展开对技术外交基本问题的论述,体现了传统外

---

① 赵可金.非传统外交:当代外交理论的新维度[J].国际观察,2012(5):8.
② WISEMAN G. Bring diplomacy back in: time for theory to catch up with practice[J]. International studies review,2011,13(4):712.
③ 赵可金.非传统外交:当代外交理论的新维度[J].国际观察,2012(5):8-12.
④ 赵可金.非传统外交:外交社会化及其后果[J].世界经济与政治,2013(2):101.

交与非传统外交并重的外交范式变革。技术外交的兴起从逻辑上正在应对新历史时期的挑战,这或会决定国家主体外交能力和合法性的未来。

二、技术外交中的技术内涵与外延

新技术、新经济形态和新力量崛起引发的系列变化,促使我们将技术外交作为独立的外交类型纳入研究视野。技术外交不仅涉及一些新的技术内容和类型,还在两个关键外延"场域"——新技术标准和新技术环境——中发挥着重要作用。

技术是人类历史前进的重要推进器。始于本世纪初的第四次工业革命,是人工智能、物联网、纳米技术、生物技术等融合技术爆发的产物,[①]还是"以智能化为核心,以人工智能、物联网等技术为代表的新一轮工业革命"[②]。观察现今市场投资导向,美国实力最强的技术"五巨头"——亚马逊、苹果、微软、Alphabet(Google 母公司),Meta(Facebook 母公司)——正在把各自巨额研发支出中的5%～20%用于人工智能、元宇宙、自动驾驶、医疗保健、量子计算等技术领域。[③]可以说,其中的每一项技术都与数字化、网络化和智能化技术及其基础设施搭建相关,这"三化"技术也是蔡翠红对第四次工业革命代表性新技术的统称,[④]同时也是本书讨论的"新技术"的主要内容。

从根本上说,第四次工业革命代表了创造、交换和分配经济、政治和社会价值方式上的一系列重大转变。在蔓延全球的当代技术文化中,第四次工业革命反映了希拉·贾萨诺夫(Sheila Jasanoff)提出的"社会技术想象"(sociotechnological imaginary)[⑤]的概念,即在历史的某些阶段,各种技术出

[①] SCHWAB K. The fourth industrial revolution[M]. New York: Currency Books, 2017: 7.
[②] 蔡翠红,戴丽婷.第四次工业革命与外交变革探究[J].国际政治科学,2021,6(2):123,124.
[③] 刘霞.美科技五巨头疯狂砸钱的前沿技术[N].科技日报,2022-03-16(4).
[④] 蔡翠红.高科技跨国公司的全球影响力探究[J].人民论坛,2019(34):34.
[⑤] JASANOFF S, KIM S H. Dreamscapes of modernity: sociotechnical imaginaries and the fabrication of power[M]. Chicago: University of Chicago, 2015.

现和结合的影响远远超出了效率的递增和效益的增加,促成了整个社会的变革,强调了市场、信息流、就业趋势、环境结果和全球权力平衡的变化的重要性。① 的确,数字化、网络化、智能化技术的颠覆性创新和加速效应是能够产生巨大影响的核心驱动,促进了社会生产中产业类型和产业链运营的全面革新,使得数字经济成为国家财富的重要来源,② 还在全球范围内产生了广泛的社会效应,推动国际社会的数字化转型进程,开启了"技术政治时代"及对技术权力的争夺。③

此外,数字化、网络化、智能化技术的"新"还体现在了其前所未有的通用性上。丹尼尔·德雷兹纳(Daniel Drezner)认为,有两个标准可以帮助思考不同技术对世界政治的不同影响:第一个是开发或采用新技术创新所需的固定成本投资的规模,固定成本投资越大,试图获得新技术的行为者进入该领域的障碍就越大,那么能够参与、购买和使用这项新技术的人就越少。第二是要看一项新技术的创新目的是面向公共部门的还是私营部门的。大多数重要的创新都属于"通用"技术,安全和民用部门都可以利用。然而,一些技术创新的民用应用是有限的,正如核技术一样。根据这两个变量,德雷兹纳将技术大致分为四类(见表2-2),其中作为通用技术的互联网和信息技术的应用门槛和成本都很低,可以为大众所学会和使用,且其研发和制造基本都被私营部门把控,社会驯化的速度快、技术创新的活力久、产生的社会影响大。但是,通用技术内部的创新速度可能如此之快,以至于规范创建和规范维护变得非常困难。数字化、网络化和智能化技术都具有相似的性质,而且助力了国际社会整体全面数字化转型的趋势,虽然会有更大争议和无数难题,但合作的紧迫性也与日俱增。④

---

① PHILBECK T, DAVIS N.The fourth industrial revolution: shaping a new era[J]. Journal of international affairs,2018, 72(1):17-18.
② 阎学通,徐舟.数字时代初期的中美竞争[J].国际政治科学,2021,6(1):35.
③ 唐新华.技术政治时代的权力与战略[J].国际政治科学,2021,6(2):59.
④ DREZNER D W. Technological change and international relations[J]. International relations, 2019,33(2):300.

表 2-2　技术创新的类型①

	公共部门主导	私营部门主导
高固定成本	威望技术	战略技术
低固定成本	公共技术	通用技术

就技术标准的本义而言,它是"针对某一项普遍性技术问题的最佳解决方案,能够协调统一领域内所有技术或产品的标准,实现企业不同设备间的互联互通"②。这是技术标准狭义层面上的功能性意义。保持各行各业技术标准的要求,对于确保技术及其应用的理想性能、质量、安全和易操作性至关重要,还可以通过规模经济实现成本效益,帮助建立普遍适用的法律法规并实现市场创新。近代以来,技术标准化被认为是市场、资本、产业链和价值链一体化和全球化的基石,因为技术和技术设备一旦被广泛使用,基于标准化搭建的互通机制将促进多主体的交流发展,具有合作与约束的双重意蕴。

技术标准还具有竞争性,定义标准不仅对哪些技术将主导未来市场产生重大影响,也为那些掌握标准化技术的人提供实质性的优势。③从技术竞争的角度出发,传统观点认为,企业或者国家在某项技术方面的优势有利于该主体获得制定国际技术标准的话语权和主导权;而技术标准有助于技术壁垒或技术霸权的形成,从而继续维护且放大该主体的技术或贸易等多重优势,最终形成现实主义理论中提到的"赢者通吃"的局面。④ 后来者的技术

---

① DREZNER D W. Technological change and international relations[J]. International relations, 2019,33(2):291.本文提到,威望技术(prestige tech)主要是由国家作为主体投资开发的、具有高固定成本和有限民用应用的技术。这些技术具有较明确的威望动机,起到了威望产品(prestige goods)的作用。
② 黄何,张宏丽,方洪.国外技术标准战略经验及其对广东的启示[J].科技管理研究,2021,41(4):19-20.
③ SEAMAN J. China and the new geopolitics of technical standardization[R/OL]. (2020-01)[2022-10-19]. https://www.wita.org/wp-content/uploads/2020/01/seaman_china_standardization_2020.pdf.
④ MATTLI W, BÜTHE T. Setting international standards: technological rationality or primacy of power? [J].World politics,2003,56(1):1-42.

创新则在某种程度上被阻碍,或只有以更高的成本才能扭转技术被先行者"锁定"的劣势。

因而,国际技术标准领域的竞争不仅反映出技术实力,更成为技术主体角逐多重权力优势并实现权力"更迭"的重要组成部分。能够作为"游戏规则"正是技术标准具备"战略性"的集中体现。在第四次工业革命的进程中,随着全球通用性新技术不断涌现,对技术标准制定权的争夺也在世界政治变革中激烈进行。数字化、网络化和智能化技术的发展还往往要依赖全球范围内基础设施、通信、接口、协议等标准和模式的设立,依赖数据和信息资源的调配及其控制系统的搭建。[①]然而,现在常见的情况是:技术和数据保护主义抬头,数据本地化已经成为各国政策趋势;作为集体产品的算法,即"可交易的软件产品、可执行的代码,以及可影响人类生产生活的数字规则"[②],开始与国际行为主体的利益和安全密切挂钩,并因此受到了交流和交易限制。无疑,这样的技术战略竞争将会影响通用技术和通用匹配,给全球化市场和高端技术产业的全球分工协作带来风险和阻碍。

此外,技术标准是一种制度性的事实,可成为全球技术治理的突破口和切入点。技术的标准性和规范性主要在技术共同体或技术的共同实践中才能发挥权威作用,影响着关系的状态和交往模式的形成、保持与变化。[③]第四次工业革命技术快速且广泛地应用到全球,其组织、监管和治理也都超越了传统的行业和政治边界,将会涉及多利益攸关方参与、自我监督、非约束性标准和认证等的方式,形成适合新技术标准的制度性形态。然而,由于各国际行为主体具有不同的具体利益和目标,标准和规范不断接受着有意图的主观塑造,进而作用于国际秩序的演进。"规锁"就是这样一种在新技术革

[①] JIANG H, GAO S, ZHAO S, et al. Competition of technology standards in industry 4.0: an innovation ecosystem perspective[J]. Systems research and behavioral science, 2020, 37(4): 772-783.

[②] 贾开,赵静,周可迪.算法全球治理:理论界定、议题框架与改革路径[J].中国行政管理,2022(6): 60.

[③] 胡春立,赵建军.技术范式的结构及其制度属性分析[J].科学技术哲学研究,2021,38(2): 76.

命背景下兴起的具有战略意图的手段:技术霸权会利用其对技术标准的制定权和对国际规则的掌握,建立起新的标准体系和规则体系,迫使其他国家接受;霸权主体的价值观和意识形态也会通过标准和规则的制定而对外界施加压力,使得国际制度规则和标准越发交叉重叠,更加具备竞争性和冲突性。①

在第四次工业革命背景下,许多"小型"革命正在某些领域发生,它们的实际影响不仅限于物理技术的更新迭代,更使得技术被社会内化和制度化,社会生活从而发生了质的改变。一方面,新技术在当下国际社会中被广泛应用,形成了一股强大的文化重构力量。例如,新技术丰富了文化存在和呈现的形式,使文化内容更加丰富,传播渠道更加快捷,信息投放更加精准;新技术催生产业融合,一些社会生产的边界被打破,各类文化衍生品得以被创造出来,促进文化产品的多维度创新和多元发展;线上交互和虚拟现实类内容与设备可以改变人们活动的场景和互动方式,5G 环境下人们的工作、学习、社交和消费等偏好和习惯都将改变,一个适合人类数字化栖息的元宇宙正在构建。这已成为全球的发展趋势,并将人类引入数字文明。

另一方面,技术发展对社会机构和社会制度施加了变革的压力。这些压力之所以能够发挥作用,是因为这些数字化、网络化和智能化技术能够使决策更加分散和迅速,但公共机构的决策机制往往是缓慢的、集中的和保守的。特别是当下,物理技术以指数级加速发展,而公共组织和社会机构则基本呈线性发展,制度性需求尚未明确,社会架构的搭建和规则的制定尚处于变化和探索中。②这种状态进一步刺激了技术生态化的加速形成,使得制度建设向适应技术发展的方向倾斜。外交事务要在思想和行动上迎接信息结构、行动结构和组织条件的变化。这就包括设立恰当的技术外交的机构和

---

① 曹嘉涵,崔艳.全球技术革命中的可持续性标准与对华影响[J].国际展望,2022,14(2):62.
② CUNNINGHAM S. Is the fourth industrial revolution a paradigm shift?[EB/OL].(2019-06-27)[2022-11-01]. https://www.helvetas.org/en/eastern-europe/about-us/follow-us/helvetas-mosaic/article/June2019/Is-the-Fourth-Industrial-Revolution-a-Paradigm-Shift-.

组织,以恰当的模式和详细程度把技术知识传递给社会并使之对外交活动产生意义,以及为外交活动的开展提供足够的资源和有效的渠道,等等。新技术革命激发的是整个社会领域的革新,改变了所有国际行为主体所处的环境,因此寻求与技术环境和社会发展适配的外交形态成为诸多主体的当务之急。

三、技术对外交的作用机制

科学技术对近代民族国家关系影响重大,特别是"二战"以后,科学与技术创新的能力及实力不仅成为最重要的权力要素之一,也是国家财富的首要来源和社会成功的度量衡。[①]基于对国内外研究的述评,笔者认为技术作为改变军事和经济的力量,以及作为改变安全、生产、金融和知识结构性权力的因变量,影响世界政治版图的作用已经很明朗。[②]然而,不同的技术发展路径和技术类型对国际关系和外交产生的影响并不相同,本部分通过历史纵向对比,从三个层面继续探讨技术对现今外交的作用机制。

从权力层面讨论,在前述部分,笔者提到了权力变更与技术发展的相互影响,特别是技术权力的崛起对国家和其他非国家行为主体在世界政治舞台上发挥的作用,以及对当下国际秩序演进产生影响的理论依据。如今,技术权力的重要性前所未有地凸显,技术权力既是技术竞争的工具,更是技术竞争的目的,外交则是支持有目的的竞合关系以实现技术权力变革的重要渠道。第一,从权力组成内部来说,第四次工业革命的技术在强制性权力、

[①] HIERONYMI O. Technology and international relations[M]. London: the Macmillan Press, 1987: 5.
[②] 包括:王逸舟. 试论科技进步对当代国际关系的影响[J]. 欧洲研究,1994(1):4-6;冯江源. 高科技发展与当代国际政治的改组和转型[J]. 欧洲研究,1995(2):13-21;张永华. 浅议科学技术对国际关系的作用[J]. 当代世界与社会主义,1996(S1):42-43;MALIK M. Technopolitics: how technology shapes relations among nations[J].The interface of science, technology & security, 2012(12):21-29;WEISS C. How do science and technology affect international affairs? [J]. Minerva, 2015, 53(4):411-430。

网络性权力和制度性权力三个方面较以往技术的新特征更为明显,理解和分析技术及其权力特征是推进技术外交和制定技术战略的必要基础。在强制性方面,新技术除了可以帮助增加军事实力或提升军事影响力外,还能被直接用于审查、制裁、断供和脱钩等,形成保护壁垒或安全威胁。在网络性方面,数字化、网络化和智能化技术无疑已将全球紧密联系为一个整体,但可以说技术主导权仍旧掌握在少数国家和少数技术巨头企业手中。加入以它们为主的网络或同盟有很大的吸引力,但崛起者易被排斥从而使处境更加艰难。在制度性方面,知识传授、标准制定、议程设置、制度建立等,均成为权力延伸的多样化手段,但传统的制度体系和治理规则或不再适用于国际社会实际,需要防范和规避相关的制度性隐患。[①]第二,权力资源的改变影响了外交形式并改变了外交内容。21世纪之前的现代历史中,国际政治的权力资源呈现出从"硬"到"软"以及从"有形"到"无形"的演变过程,国际政治中的权力主要从追求黄金和土地、市场和资本,到获得主流文化的主导权、核心技术的所有权及标准制度的制定权,[②]代表着一种"软硬兼具"的国际权力资源类型的价值提升。各国已经意识到技术权力的崛起及权力资源的改变,因此加快推进技术战略的制定以获得优势,也必须通过恰当的手段建立起新的行之有效的合作平台以践行相关战略。第三,不同主体、不同类型的技术权力的崛起为当下世界政治中的战略竞争增加了多面性和复杂性。各国不仅需要协调国家间和其他多边关系,更需要格外关注技术企业和国际组织等多利益攸关方的关键作用,慎重对待它们的专业而独立的权力角色。目前,反技术公司垄断的行动不断推进,新技术巨头企业与政府博弈加剧,从形式上讲更像是权力系统与权力个体的较量,就目前的一些反垄断案例来看效果并不显著。[③]如何重申国家权威、捍卫国家的监管和行政权

[①] 张倩雨.技术权力、技术生命周期与大国的技术政策选择[J].外交评论(外交学院学报),2022,39(1):63-65.
[②] 李德芳,李卫红.全球化时代的公共外交——权力变迁视角的分析[J].聊城大学学报(社会科学版),2010(3):31.
[③] 樊鹏,李妍.驯服技术巨头:反垄断行动的国家逻辑[J].文化纵横,2021(1):22.

力,成为国家推行技术外交当中的重要议题。

从利益层面讨论,国家利益是普遍的,而实现国家利益的手段是多样的。新自由制度主义认为,国家利益博弈并不只是零和形态,国家可以通过合作和对合作规范化来建立秩序,并以最小的代价取得最大的利益。在技术领域,核技术的研发和核武器的出现一度将零和博弈的后果严峻化。但自20世纪60年代以来,各国通过一系列国际机制建立了复杂的利益结构,在防止核扩散方面取得了意想不到却效果良好的合作成果。[①]然而,在德雷兹纳看来,伴随信息传播技术和互联网技术发展而来的网络空间中的冲突反而一定程度上印证了现实主义观点,即对先进技术的占有和利用可以帮助加强国家在国际政治中的实际发言权和影响力。这是由于互联网具有通用技术性质,不仅各个产业领域在争先使用新技术,各国也自觉或不自觉地在全球化和信息技术协同发展中加强了相互依存关系。[②]但一个新现实情况是,网络技术应用的低成本和易用性使其社会渗入性变得极高,对不同类型的社会成员形成"赋权",[③]加之技术引发了一些新的社会问题(如网络诈骗、信息盗取等),致使国家管理和规范该项技术的难度普遍加大。在优先考虑国内政治因素的情况下,各国对解决彼此间或全球性的网络空间冲突的兴趣并不大,或用自我保护的手段阻止合作,甚至产生了在新空间范围内的"网络战"。[④]互联网技术驱使下的高度相互依存反而孕育了新的冲突形式,[⑤]给当下的世界政治带来了诸多困扰。

因此,面对这样的困扰,一些国家政府将视野转向其他外交对象,并通过多样化的外交手段实现切实利益。国际组织、跨国公司等非国家行为主

[①] WALTZ K N. Nuclear myths and political realities[J]. The American political science review, 1990,84(3):731-745.
[②] 赵瑞琦.建构网络恐怖主义治理的国际规范——一种新自由制度主义的分析框架[J].吉首大学学报(社会科学版),2020,41(4):88.
[③] 郑永年.技术赋权[M].邱道隆,译.北京:东方出版社,2014.
[④] 丛培影,黄日涵.网络空间冲突的治理困境与路径选择[J].国际展望,2016,8(1):99.
[⑤] DREZNER D W. Technological change and international relations[J]. International relations, 2019,33(2):291.

体对国际合作的推动作用被进一步强调。早期,以"国际电信联盟"(International Telecommunication Union,缩写ITU)为代表的权威国际组织通过信息传播技术广泛联系各国政府和私营机构,协调各方利益,促进全球电信事业的发展。近几年,有着强烈多利益攸关方特征的对话平台和合作机制频频建立,这也是丰富技术治理工具和革新国家治理能力的探索路径。更值得一提的是,鉴于人类前所未有地紧密联系在了一起,个体问题的解决或能成为满足人类共同利益的一把把"钥匙",片面强调个体利益则会深化矛盾与冲突。这也是现阶段技术外交设计需要考虑到的重要问题。

从规范层面讨论,普遍意义上来说,规范从来不是一成不变的。技术创新首先要求并促进国际规范的建立、传播和更新,并可以直接影响规范的扩散方向和速度。[①]再以国外对武器技术的研究为例,"二战"末期,由于人们对基于新科学技术研究而制造的核武器的破坏力了解不足,可以说原子弹是被按照战略轰炸而非大规模杀伤性武器进行首次投掷的,[②]最初的核武器使用规范也部分基于战略轰炸规范。[③]但随着"冷战"期间核技术的不断成熟和对核武器破坏力的认识逐渐清晰,大规模杀伤性武器使用规范被建立起来,对核武器使用的禁忌约束也逐步内化成了一些国家对外政策的目标,其战略价值取代了实际使用价值。[④]

此外,国际规范的建立和变更是一个动态和协商的过程。建构主义认为,行为主体间的互动不仅具有战略性,而且具有交流性。[⑤]国内和国外各类行为主体通过交流、说服和一些外交渠道而达成共识、建立规范的过程是必

[①] FINNEMOREF M, SIKKINK K. International norm dynamics and political change[J]. International organization,1998,52(4):887-917.

[②] TANNENWALD N. The nuclear taboo: the United States and the normative basis of nuclear non-use[J]. International organization,1999,53(3):442.

[③] MAZANEC B M. The evolution of cyber war: international norms for emerging-technology weapons[M]. Lincoln, Nebraska:University of Nebraska Press, 2015:96.

[④] TANNENWALD N. The nuclear taboo: the United States and the normative basis of nuclear non-use[J]. International organization,1999,53(3):437.

[⑤] 范菊华.规范与国际制度安排:一种建构主义阐释[J].现代国际关系,2002(10):56-60,40.

要的,这也可影响技术创新发展走向。蒂姆·布赛(Tim Büthe)深入研究了国际电工技术委员会(International Electrotechnical Commission,缩写IEC)确立和普及电力技术标准的过程,认为技术规范的建构有一定的治理顺序(governance sequence)可遵循:议程设置、规则制定、采纳—实施—塑造、监督和强制执行。① 布赛认为,技术标准是一种书面规范,也是国际治理的工具。在各国政府机构、电力公司、发明家和工程师等多方妥协下,安全可信且基本适用于全球的电力标准得以确立。然而,对于电插头形态和制式问题,由于多方利益难以协调和地方保护主义压力,为避免高额的更改成本,对相关技术规制问题的讨论止步于规则制定阶段,至今也未在全球范围内得到统一。②

提及国际规范,还有一点比较重要的是,国际规范可以为国际秩序提供法理基础,可以深入国家和国际战略,成为国与国关系互动的依据。③但在不同时代、针对不同发展阶段和不同政治制度的国家,国际规范也应适时适当调整。在刘鸣的研究中,他认可现在被广泛接纳的国际规范普遍具有宣传平等、自由、民主等理念的积极作用,然而由于历史原因,其基本价值驱动是理性的、西方的,乃至是强权的,一定程度上反映了国际体系内主导国的文化和结构性利益。④对于中国以及其他新兴国家来说,新技术的创新和优先发展不仅是提升国家实力的方式,符合国家利益,也创造了从单向适应规范到主动塑造并参与制定规范的绝佳契机,争取有利于新兴国家的环境和话语。近几年,中国在网络和数字技术方面迅速崛起,积极参与了一些数字经济、电子商贸和权威技术标准的制定,注重中国技术规则与国际规则的协同。当下,新的国际体系尚未形成,世界对新兴国际行为主体参与塑造新的

---

①② These points are quoted from Tim Büthe's paper "The power of norms and the norms of power: who governs international electrical and electronic technology?" which was prepared for the 3rd conference on "Who are the global governors?" held George Washington University, Washington DC, 15-17 November 2007.
③ 刘鸣.国际规范视域下的中美新型大国关系构建[J].中国社会科学院国际研究学部集刊,2016:84.
④ 刘鸣.国际规范视域下的中美新型大国关系构建[J].中国社会科学院国际研究学部集刊,2016:84.

国际规范既留出了空间也给予了期待,但更具建设性和创造性的合作机制尚未形成。

第二节 相关概念阐释与辨析

除了科技外交,还有一些外交类型在新技术革命的环境下得到了使用,并发展出独特的内涵,也体现了各种外交和政策研究逐渐细化的趋势。

一、数字外交

"数字外交"(digital diplomacy)的概念已经在西方学界有了较为成熟的讨论。有学者认为,数字外交概念的形成仅十年左右,十年之前的这个时间节点也并非严格意义上的标志。根据这种说法推断,数字外交概念大约起始于互联网在大众生活中的普及应用,网络服务和数字产业链逐步完备,互联网、信息传播技术和其他数字技术成为生产中不可或缺的技术基础之时。即便时间不长,数字外交概念的发展也是有历史沿革的。1996年,美国公众外交咨询委员会(U.S. Advisory Commission on Public Diplomacy)发布报告,其中提到了"信息时代的新外交",开始对信息时代外交性质和变化进行反思,这可以算是数字外交的前身。[①]数字外交一定是有其技术基础的,自电子计算机、互联网诞生,到互联网在社会中普及,各国外交系统和部门已充分完成信息化。Web 2.0时代到来后,网络驱动社交媒体繁荣,使得互动畅通且越发频繁,信息也有了跨地区、跨国界流动的渠道,而政府也可以通过技术渠道将自身外交政策与影响有效地传递到世界各个角落。

在西方语境下,digital常与技术和社会发展的情境相关,例如由于技术

---

① 王存刚.数字外交的历史考察与未来趋势[EB/OL].(2016-08-11)[2021-04-05].http://sscp.cssn.cn/xkpd/gjyk/201608/t20160811_3157688.html.

发展程度和准入标准不同,在不同地区、行业、教育程度和年龄层次中都出现了"数字鸿沟"现象。"数字"还具有"语言"的引申义,"位数"(digits)原意指二进制的"0"和"1",是组成计算机和网络世界的语言基础与架构基础。因而可以说,数字外交代表了一种当下社会外交状态的改变,广义上来说,是指将数字技术运用于外交活动的各个环节和层面,包括外交交涉与谈判、外交决策、外交政策评估和对外政策实施等,以帮助各国或各类国际行为主体参与或管理当下的国际变革。[①]从操作层面来说,数字技术和应用可以作为外交工具、媒介,数字合作可以作为对外交往内容,数字生态又可以改变外交制度的组织文化等。[②]某种程度上来说,这种外交方面的革新与企业或其他商业机构中已经进行或完成的信息化改革相似。[③]英国2012年启动了"GREAT数字外交行动",意图利用伦敦召开奥林匹克运动会的契机提升全球对英国的兴趣,吸引更多的旅客、留学生以及外贸外资。[④]在这之后,英国还陆续实施了相关战略,包括"政府数字战略"(Government Digital Strategy,2012年)、"政府数字包容战略"(Government Digital Inclusion Strategy,2014年),并改组了相关机构,成立了数字化转型办公室(Digital Transformation Unit,2015年),[⑤]改组了外交和联邦事务办公室为"外交、联邦和发展办公室"(The Foreign, Commonwealth and Development Office,2020年),拓展并加强了在被认为涉及国家安全的一些技术资源流动以及留学生学科学习等方面的审查,将数字外交充分内化,积极配合了英国国内外政策的实施。

[①] BJOLA C, HOLMES M. Digital diplomacy: theory and practice[M]. Abingdon: Routledge, 2015:208.
[②] 任远喆,波乔拉,周幻.数字化与当代外交的转型——基于组织文化理论的视角[J].外交评论(外交学院学报),2019,36(1):11-12.
[③] WEBER L. Everywhere: comprehensive digital business strategy for the social media era[M]. Hoboken: John Wiley & Sons, 2011.
[④] HEATHERLY R. The GREAT campaign: from theory to digital reality[EB/OL]. (2016-02-17)[2020-06-05]. https://blogs.fcdo.gov.uk/guestpost/2016/02/17/the-great-campaign-from-theory-to-digital-reality.
[⑤] 王存刚,刘洋.论英国的数字外交:以GREAT行动为例[J].世界经济与政治论坛,2020(2):84.

狭义上来讲,数字外交通常指通过社交媒体类的网络信息平台(例如Facebook、Twitter等)对特定对象开展的外交活动。在这个意义层次上来讲,数字外交更倾向于在公共外交方面进行操作,成为外交机构、民间组织或个人开展的,以对象国的公众互联为抓手,并以对话、参与和关系建构为目标的对外传播活动。[1]有学者也称其为"数字公共外交"。朱振明认为,是否拥有传播技术成为维持或破坏力量平衡的因素,信息的流动也因此有了战略性质。[2]伊兰·马诺尔(Ilan Manor)的研究以美国国务院的脸书账号为例,认为自2020年年初新冠疫情爆发至当年中期,该账号上主要有两个"系列"的推文:一个是所谓的中国对疫情"处理不当",另一个是伊朗的"穷凶极恶"并号召各国进行谴责和制裁。通过对后者的数据统计,马诺尔认为公众并没有完全接受美国国务院的说辞,甚至这些说辞被反驳。他建议,如果美国的外交官员想要通过网络达到目的,还是要注重传播的具体内容。[3]可见,数字外交更注重的是外交文化的形成和话语结构的重建带来的影响力。

二、网络外交

网络外交,或称网络空间外交、赛博外交,对应的是英文 cyber diplomacy 的概念。Cyber一词的出现,得益于诺伯特·维纳(Norbert Weiner)创立了"控制论",即 cybernetics,这是用于处理信息驱动和机能规律的科学。20世纪90年代,随着互联网技术的成熟和广泛应用,赛博空间、赛博文化、赛博社区、网络犯罪、网络战等和互联网相关的词汇相继出现并被使用。

网络外交将网络空间作为国家主权范畴的事务来协调。有学者将网络

---

[1] 史安斌,张耀钟.数字化公共外交:理念、实践与策略的演进[J].青年记者,2020(7):78.
[2] 朱振明.美国数字外交演变的政治传播学分析[J].阴山学刊,2010,23(6):60.
[3] MANOR L. Crafting Digital Diplomacy Campaigns: how America's Iranian campaign is backfiring [EB/OL]. (2020-06-11)[2021-03-04]. https://digdipblog.com/2020/06/11/crafting-digital-diplomacy-campaigns-how-americas-iranian-campaign-is-backfiring/comment-page-1.

外交定义为在网络空间中利用外交资源和履行外交职能以维护国家在网络空间的利益的外交类型。①欧盟理事会在2015年2月《关于网络外交的委员会结论》(Council Conclusions on Cyber Diplomacy)中明确了欧盟网络外交的重点领域,包括在网络空间中发扬并保护人权,将已有的行为规范和国际法惯例应用到网络空间的国际安全领域,推进互联网治理和数字经济,以及建设和发展网络空间领域的应对能力,等等。②这不仅为欧盟推进网络空间战略指明了方向,也为未来面对并解决其他更加复杂的国际问题做了准备。

目前,网络空间已成为继陆、海、空、天之外的第五大空间,③各国已经在相关领域立规立法、制定战略策略,以期在新的竞争中获取更多资源并维持优势。现实政治中的博弈早在人们开始讨论信息革命时就延伸到了网络空间之中,人们意识到网络带来的并不是"地球村"的美好童话,从网络审查、信息窃取,到网络空间的军事化,各国开始在"新领土"中争取约瑟夫·奈(Joseph Nye)所称的"网络权力"(cyberpower)。④ 2021年4月,在美国通过了主要针对中国的《2021年战略竞争法案》(Strategic Competition Act of 2021)后不久,美国众议院通过了《2021年网络外交法案》(Cyber Diplomacy Act of 2021),创立了国际网络空间政策署(the Bureau of International Cyberspace Policy)以更好地规划网络外交的活动范畴,并推动其有序执行,意图重夺美国失去的网络空间安全资源,提升美国在全球网络空间安全领域的政治站位和领导力,防止外来的网络攻击。可想而知,美国也会将该法案作为一个抓手,进一步联合盟友遏制其所谓的竞争对手,推动其主张和领导的国际网络规范、军控构想等。

需要注意的是,网络外交与技术外交的议题领域有交叉。例如,它们都

---

① BARRINHA A, RENARD T. Cyber-diplomacy: the making of an international society in the digital age[J]. Global affairs, 2017, 3(4-5): 355.
② Council of the European Union. Council conclusions on cyber diplomacy[R]. Brussels: Council of the European Union, 2015.
③ 毛维准,刘一桑.数据民族主义:驱动逻辑与政策影响[J].国际展望,2020,12(3):25.
④ NYE J S. The future of power[M]. New York: Public Affairs, 2011.

关注互联网信息和数据流动,关注网络和信息技术发展动态对国际关系的影响,等等。然而,网络外交特别强调网络安全和治理问题,与一国或一个地区的网络空间战略息息相关。而技术外交关注数字化、网络化和智能化技术从创新到应用的过程中引发的全球共性问题,强调渠道、平台和机制的建设,让不同类型的主体充分发挥自己的优势。此外,西方国家对待网络外交和对待技术外交的态度不尽相同。从种种政策文件和法案中可以看出,网络外交具有沿用传统西方优势的体制机制、规范体系和观念理念的表现,虚拟的网络空间会被认为是物理空间的延续。这在一定程度上制约了实际外交工作中的创新性和包容度。而技术外交被认为是一项新鲜事物、一种外交创新,各国政府及其外交官们才被鼓励进行更多探索和改革,形成新理念、新机制并引领新趋势。

三、数据外交、创新外交和电子外交

还有几种外交类型也进入了学界的视野,在第四次工业革命的背景中也具有特别的意义。

首先是数据外交(data diplomacy),对此暂无一个普遍认可的定义。从与技术外交的关系角度来看,数据外交甚至可以算作技术外交的一个子类型。数据,特别是大数据,其重要性首先体现在其通用的工具性内涵,它在当下数字时代中是机器计算工作的基本"原料",是相比传统数据库容量更大的数据集合,以及相匹配的可用于获取、存储、管理和分析该数据集合的处理能力更强的信息技术。①因此,对于外交来说,数据可以是外交的工具、讨论的议题,也可以促成、推动或阻碍变化以作用于外交环境。②一些外交机

---

① NIST Big Data Public Working Group, Definitions and Taxonomies Subgroup. NIST big data interoperability framework: volume 1, definitions[R/OL].(2018-06)[2025-01-31]. https://nvlpubs.nist.gov/nistpubs/SpecialPublications/NIST.SP.1500-1r1.pdf.
② JACOBSON B R, HÖNE K E, KURBALIJA J. Data diplomacy: updating diplomacy to the big data era[R]. Geneva: Diplo-Foundation, 2018.

构为了更好地处理事务并完成工作,总会尽快适应新的趋势,提高交流效率,利用大数据收集国际动态和预测外交对象,以增加谈判筹码等。

此外,新技术领域的战略竞争也促成了数据成为一种极为重要的战略资源。数据与信息和知识紧密联系,我们在提及数据尤其是大数据时,通常已经暗示了数据转化为信息且最终转化为知识的过程。数据并不是消耗性资源,理论上可以被有机会接触数据的主体反复使用。因此数据使用的目的就显得格外重要。可以说,一些科技巨头企业,如脸书、谷歌和亚马逊,它们首先就是通过整合、分析和使用数据逐步建立了竞争优势,进而转换为经济权力优势。[1]而从国际关系层面上来说,获得和分析既有质又有量的数据,可以帮助国家和其他各类主体做出使自身利益最大化的决策,从而抢得先机,促进经济发展,维护自身安全。数据外交因而不仅包括处理跨国和跨境的数据分享和合作,还要强调并解决信息泄漏和窃取风险,以及网络黑客攻击等风险。

创新外交(innovation diplomacy)在一些学术研究中被认为是科学外交的"进阶版"。创新外交的提出主要是关注到知识和知识经济对世界经济发展的推动作用,而知识的竞争可以对各国的对外政策形成引导,因此要通过外交活动以充分发挥相应的创新潜能。[2]创新外交被认为在以下四个方面具有突出贡献:通过具有原创性和创新性的发明和发现增加本国吸引力、提升软实力;在早期的研发或孵化阶段就和政府、非政府组织或企业机构达成合作,包括不同国家的大学间的交流学习,以抢先获得相对性优势;在相应研究领域具有获得专利或优先制定规则框架的机会,例如进行知识产权保护或设定贸易交易条件等;在更广泛的外交议题中鼓励各国及各类行为主体

---

[1] SLAUGHTER M J, MCCORMICK D H. Data is power: Washington needs to craft new rules for the digital age[J]. Foreign affairs, 2021, 100(3): 54-62.
[2] LEIJTEN J. Exploring the future of innovation diplomacy[J]. European journal of futures research, 2017, 5(1): 20.

参与合作。①创新外交给技术外交带来了一些启示。比如,创新是一种活动和行为,渗透在技术研发和发展的全过程当中,因此,在过程的前期进行外交活动不仅应该关注技术的商业潜能和彼此的商业利益,也应该共同面对潜在风险并承担共同责任,从治理的角度做好预防和把控。这也是技术外交的任务之一。

还有一个概念是"电子外交"(electronic diplomacy,或 e-diplomacy)。这个概念有时和数字外交的运用范畴相似,甚至在中国有时就会被翻译为数字外交,有传播学中的公共外交的含义,目的是加强民众对彼此国家的理解,树立国家形象等。②在更多的语境下,电子外交更倾向于特指发展电子商务贸易和数字经济合作的外交活动。张锐和钱霖亮在一项新颖的研究中着重论述了"电商外交"的概念,认为其具有将电子商务和互联网平台经济融入外交讨论的创新性。③中国是电子商务业务拓展最快的国家之一,例如,阿里巴巴在 2016 年就提出了要建立 e-WTP,即世界电子贸易平台,并已在马来西亚和比利时落地;美团点评的 O2O(online to offline,线上到线下)业务部门于 2018 年进军东南亚市场,对印度尼西亚的线上生活服务进行投资。它们不仅带去了技术和服务,也将中国推崇的包容性全球化的理念带入了这些国家和地区,是中国国家倡议、商业创新和各国民间经验的融合,也体现了技术外交的愿景。

四、全球技术治理

在本书中,全球技术治理是一个重要概念,它的理论基础和定义已经在

---

① BOUND K. Innovating together? The age of innovation diplomacy[M]//DUTTA S, et al. The global innovation index 2016: winning with global innovation. Ithaca: Cornell University Press, 2016.
② JIANG Y. Social media and e-diplomacy in China: scrutinizing the power of weibo[M]. London: Palgrave Pivot, 2017.
③ 张锐,钱霖亮.电商外交:概念界定与中国实践[J].国际关系研究,2020(6):20-40,152-153.

第一章进行了论述。全球技术治理并不是需要和技术外交加以区分的外交类型,但和技术外交紧密相关、相辅相成,在此对二者关系再行强调。技术外交既服务于国家和非国家行为主体,深度参与全球技术治理,也是当代全球技术治理的重要组成部分,是人类共同应对新技术时代全球问题的方式。从技术外交与全球技术治理的关系上讲,技术外交可以基于各类行为主体认知的提升、共识的达成和利益的满足来增强合作动力和能力,以此提升全球技术治理的有效性和合法性。而全球技术治理可以通过对公共技术事务的管理和制度化建设来促成议程设置目标的实施和实现,是技术外交的支撑和归宿。二者还在价值目标、议题领域和实现路径等方面具有共性,特别关注新兴技术主体与非国家行为主体在治理全球性技术问题中的重要作用。

当下的全球技术治理体系还处在初步形成的阶段,各类主体均试图建立适用于自己的技术治理规则。欧盟主导的《通用数据保护条例》(*The General Data Protection Regulation*,缩写 GDPR)是相对成熟的技术治理规范,得到了较广泛的认可。还有的是以贸易协定为基础,加上了一些关于数据流动、电子商务等的内容,例如《全面与进步跨太平洋伙伴关系协定》(Comprehensive and Progressive Agreement for Trans-Pacific Partnership,缩写 CPTPP),但这仍旧是区域性协定。美国常常以自由市场支持者的姿态,倾向于不在信息监督和数据流动等方面做过多监督,却针对很多具体的事项构建技术和贸易壁垒,大行双标。因而,现阶段通过技术外交参与和完善全球技术治理有更直接的作用,有助于搭建更清晰且具有普遍意义的全球技术治理框架。

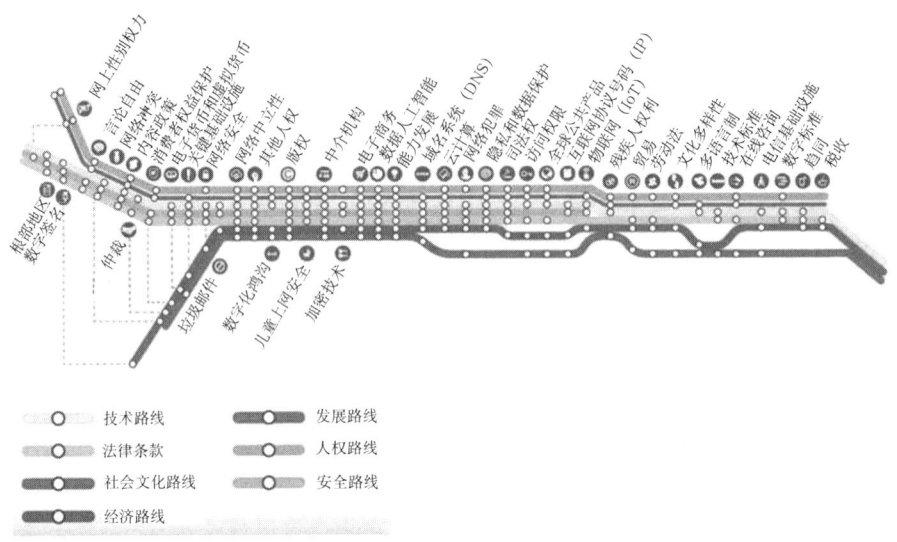

图 2-2　数字治理线路图①

第三节　技术外交产生的背景与意义

技术外交的兴起有深刻的时代背景。可以说,世界作为一个整体沿着一定历史路径延续发展,但受到第四次工业革命影响,正经历着程度更深的变化和不确定的过程。这给其中的各类国际行为主体的涉外行动逻辑带来了普遍性影响,驱动着技术外交的兴起。

---

①　外交基金会(DiploFoundation)制作的数字治理线路图,包含 40 多个关键内容和 7 条主要路线。参见:DiploFoundation. Digital diplomacy[EB/OL]. [2021-12-11]. https://www.diplomacy.edu/topics/digital-diplomacy.

一、新技术增加人类福祉,也使全球性问题更加突出

新技术在服务国计民生、增进人类福祉的同时,使得人类越发相互依赖、命运与共。已然成熟普及的互联网和智能终端的结合,为人们生产生活提供了先进、便捷的技术手段和工具,提升了全社会的信息供给能力,也在可行性层面突破了各国信息流动的时间和空间限制。此外,数字和网络技术具有通用性的特性,和电力技术相似,可以被各领域所应用。各国注重通用性技术发展的交叉性和必然趋势,有加强产业融合和技术管理方面协同性的迫切需要。技术在宏观上还与国际体系演变进程相互交织,是影响全球化的关键因素。拿网络空间来说,虽然拥有主权属性,但难以被设立明确"疆界",一定程度上是国际社会可充分参与的"无限"空间,从而为人类走向共同体的宏观进程提供条件和动力。①特别是在新冠疫情席卷全球后,各地遭到物理"隔绝",数字工具被加速投入应用,既降低了社会运行和连接的"能耗",也增强了全球的风险监测能力,还促进了数字经济的发展,巩固了新一轮全球化的技术和经济支撑条件。各国的共同利益显著增大,人类命运更加紧密地联系在一起。

第四次工业革命也带来了新的风险,使得全球性问题越发突出,人类面临的共同挑战更加严峻,人类共同命运越发凸显。研究显示,人们看好"科技向善"的趋向,但对于新技术在就业机会、物质生活条件、社会平等和信任度方面产生的影响仍存忧虑。一部分原因是技术准入程度的变化打破了原有知识构成和组织结构的延续——已经在世界各地区、各行业、不同教育程度和年龄层次中出现的数字鸿沟便是印证;此外,新兴核心技术越复杂且智能,普通人越难理解其运作机制、决策依据及系统合理性,但又不得不依赖它、遵循它,很难在这种"黑箱"操作下保障个人和集体利益。特别是当下融

---

① 刘杨钺.技术变革与网络空间安全治理:拥抱"不确定的时代"[J].社会科学,2020(9):43.

合技术爆发,国际社会的整体运作可以说是建立在技术系统间的"嵌套"协作之上的,偶有不慎、一个错误可能会给世界政治和经济体系带来全局性的损害。① 此外,数字化转型过程仍在持续,在世界范围内尚未形成普遍认可的文化规范、管理规则和道德准则,人类面临着激进的技术热潮带来的诸如网络诈骗、数据盗窃等原发问题,一些历史上的权利和信任冲突也会在重大社会压力和危机下表现出来。② 这是时代留给人类的考验,没有任何国家、社会和民族能独善其身。

二、新技术与全球化发展带来非国家行为主体的增加与活跃

当下,第四次工业革命和"全球化4.0"进程相扶并进。全球化的前三个版本经历了经济扩张和经济实力版图变迁,实现了实体商品、资本、劳动力在全球范围内的流通,并最终以跨国公司为纽带创建了全球产业链和价值链,形成了现有的全球经济秩序。③ 随着数字化、网络化和智能化技术的发展和数字经济的兴起,资本驱动力减弱而信息传播技术的价值创造能力大大增强,数据和数字信息流动成为新一轮全球化的核心要义。数字平台也支撑了更加高效、透明的跨境商贸和资源配置模式,④ 全球数字经济体量爆发式增长。新技术在成为社会生产基本动能的同时,还促进了技术权力的兴起。一方面,第四次工业革命技术的权力属性本身得到了彰显和提升,通过其广泛的运用领域和运用方式形成了可以塑造全球社会的力量;另一方面,部分个体主体因对尖端和关键技术的独享、对技术生产要素的掌握和对生产网络的控制,以及对技术知识权威的支配和对技术规则的主导,得到了强

---

① 张乐.新兴技术风险的挑战及其适应性治理[J].上海行政学院学报,2021,22(1):16.
② 何哲.后疫情时代全球治理的挑战、趋势与对策[J].行政管理改革,2020(10):46.
③ BALDWIN R. If this is globalization 4.0, what were the other three? [EB/OL].(2018-12-22)[2020-04-05].https://www.weforum.org/agenda/2018/12/if-this-is-globalization-4-0-what-were-the-other-three.
④ 王世渝.数字经济驱动第三次全球化[J].经济,2020(6):36-37.

制性、网络性和制度性技术权力的"赋权",成为影响国际格局的重要变量。因而,数字经济全球化和技术权力的兴起助力了新兴经济体广泛参与其中,特别是三类非国家行为主体在全球经济舞台上的重要性越发显著。

首先,全球技术巨头公司的领先优势依旧明显,成为数字经济的主要推动者和受益者。有数据显示,2019年,七大超级公司——微软、苹果、亚马逊、谷歌、脸书、腾讯和阿里巴巴——占据了全球数字经济市场总值的三分之二。[1] 2019年10月至2021年1月间,纽约证券交易所综合指数增长了17%,至少是纽约证券交易所综合指数所代表公司股价的三倍以上,苹果和百度甚至分别增长了144%和147%。[2]借助已有的技术基础、数字平台和业务实力,这些公司可以快速把握数字风口,将技术前沿转化的成果投入全球市场,实现增效增值。它们还可以依托资本优势,实现其下所控制的不同类型业务和区块之间的互补,抗风险能力也更强。最重要的是,随着技术巨头的结构性技术权力的增加,其凭借自身在技术领域的实力,提升了在全球治理中的话语权,逐渐成为可以左右国际事务走向的重要角色。[3]

其次,组织良好的中小企业把握时代机遇,利用数字化转型和成熟的数字平台拓展全球业务,可在全球市场中快速占有一席之地。特别是数字服务类和以数字商业模式为基础的企业类型,更可能从技术孵化阶段便有了全球视野和"跨国""跨界"的原生特性,其发展壮大可进一步影响全球经济形态。

最后,全球性、地区性或跨国性的国际组织通过制定和推广某些规则和规范,形成或强化了全球领导力,并在不同国家内取得了一定运作权威。联合国贸易和发展会议(UNCTAD)、经济合作与发展组织(OECD)、世界经济论坛(WEF)等传统组织,面对新的经济形态和整体发展问题时,更注重引导

---

[1] United Nations Conference on Trade and Development. Digital economy report 2019[R/OL]. (2019-09)[2020-10-11]. https://unctad.org/system/files/official-document/der2019_en.pdf.
[2] United Nations Conference on Trade and Development. Digital economy report 2021[R/OL]. (2021-09)[2022-08-11]. https://unctad.org/system/files/official-document/der2021_en.pdf.
[3] 蔡翠红.高科技跨国公司的全球影响力探究[J].人民论坛,2019(34):35.

国家和企业的决策指向。还有一些具备通信和数字技术专业知识的营利和非营利性国际组织,帮助制定某一领域的技术标准和流程,促进技术进步,支撑经济协作,一定程度上成为技术话语权的主导者。例如,作为国际移动通信标准化国际组织的"第三代合作伙伴计划"(3GPP),一直以来都致力于为移动通信系统制定全球适用的技术规范和提供技术咨询。经过市场竞争以及国际电信联盟在 2020 年 7 月的评判,其最终成为 5G 标准的制定者。这也无疑会对全球 5G 网络搭建布局和地缘经济政治产生极其重要的影响。

三、新技术是"不安的和平"的国际秩序的诱导因素

伴随技术权力和数字经济的兴起,新技术在给人类带来共同福祉和风险的同时,还成为造就"不安的和平"①的国际秩序的诱导因素,使得过去的国际合作模式难以维持,制约着人类应对共同挑战、实现共同利益。这方面的影响具体表现为:

其一,一些新技术问题深入国际政治议程,引发新竞争,给国家的"超国界"合作治理带来阻碍和压力。拿网络犯罪来说,"犯罪"平台通用编程语言和数字基建已经推向世界,甚至成为一种服务,②亟待各国合作打击。但当一些或为窃取隐私的个人行为牵涉跨国"作案"时,其目的和性质往往被政治化,会影射国家意图和利益冲突,直接阻碍国际合作的开展。网络作为一种战略空间,其全球治理还涉及文化、政策、法律的交融,各国也很难复制在气候变化、能源、核武器等单一领域的协调经验。随着新倡议、新机制的诞生,各国也纷纷想要在技术代码、数据流动、内容审核等方面加入对国际规则的辩论和制定中,寻找新的发力点和压制点。③与此同时,各国倾向于把国

---

① 阎学通,徐舟.数字时代初期的中美竞争[J].国际政治科学,2021,6(1):47.
② LEWIS J. Economic impact of cybercrime—No slowing down[R/OL]. (2018-02)[2020-09-30]. https://csis-website-prod. s3. amazonaws. com/s3fs-public/publication/economic-impact-cybercrime.pdf.
③ 徐培喜.网络空间国际规则辩论:五个领域的变迁[J].信息安全与通信保密,2020(1):18.

家安全相关的资源掌握在自己手中,信息、用户和数据此时成为争夺的焦点,网络和数字技术能力也被公开纳入军事和国防领域,一场关于信息安全和数据归属的军备竞赛正在进行当中,弱化了各国利用技术进步推进共同发展的意愿。

其二,在面对技术引发的非传统问题时,国家和跨国企业各自的整体专业能力和治理能力存在不匹配的情况。新技术发展和数字经济全球化的另一个重要影响是带来了非国家行为主体的增加与活跃,特别是一些全球技术巨头公司在某些领域手握的实际权力,可能已经可以和国家行为主体的技术权力相媲美,成为可以影响到世界格局变革的超级力量角色。[①]各大技术公司在专业和经济领域保持进取,却无法肩负保护用户权益、维持可持续发展等责任,管理缺乏透明度和一贯性,企业或行业自我监管已经不够。此外,各国政府和政策制定者积极寻求推进技术和数字经济治理的解决方案,然而他们面对的是前所未有的市场体量、越发复杂的业务模式和常变常新的技术与标准更迭等问题,专业性的缺乏制约了他们的决策行动力和领导力。如此,在新技术领域拔得头筹的科技巨头公司应得到更多重视,它们在技术标准和规则制定方面发挥话语权作用时,也理应为人类共同利益的实现承担更多责任。

其三,新技术革命的演进还冲击了现有国际体系,传统的外交机制难以适应。当下世界向着多极化方向深入发展,"非极"力量的发展势头更强劲,[②]以中国为代表的新兴经济体实力整体提升,在国际舞台中发挥着越来越重要的作用。但随着中美紧张关系加剧,关于世界正走入"新冷战"格局的言论也甚嚣尘上。2019年,由经贸摩擦开始,美国在数字和计算技术领域企图和中国"脱钩",断供硬件,企图拉大中美间的技术差距,维护其在科技领域的全球主导地位。若零和思维继续主导美对华科技政策,数字世界

---

① 蔡翠红.高科技跨国公司的全球影响力探究[J].人民论坛,2019(34):37.
② 刘建飞.引领:推动构建人类命运共同体[M].北京:中共中央党校出版社,2018:13.

有可能会在技术规制选择和国家对外战略布局的双重作用下形成两个中心，①进而影响国际秩序走向。不仅如此，近年来美国一方面有意主动卸下在"一超多强"治理体系中的责任，频繁"退群"，令世界措手不及；另一方面"另起炉灶"，重新建立起具有"门槛"的"小团体""小联盟"，现有国际规范一度面临失效的窘境。就目前情况来看，各类国际行为主体间关系的重塑尚缺少稳定而有效的交往渠道和准则，已现端倪的"失序"还会持续。

综上所述，新技术革命和世界变局加速糅合演变，激发了技术创新和数字经济的普惠效应，在促进社会生产力大发展的同时使得人类更加相互依赖，却也引发了新的全球性问题，使人类面临更多的共同挑战。国际社会已然无法回避这样矛盾的现实，必须探寻新的出路。然而，探寻新路并非易事。在2019年的达沃斯论坛上，主要国家领导人呼吁要加强关于技术的全球监管的合作力度，认为基于共识而建立一个全球技术治理系统具有必要性和紧迫性。但各国莫衷一是，也承认这个系统的范围太广、基础架构仍不明朗。或如英国文化协会（British Council）所言，仅凭自1648年威斯特伐利亚会议后建立的以主权国家为主体的国际体系，以及建立在这个体系之上的传统外交机制，可能已经不足以支持解决这个时代的全球性问题。②严酷的现实给人类社会特别是各国政府提出了新课题。新技术革命背景下，政府迎来技术监管黎明，但也必须加强自我革命，创新外交理念和形式，并寻求与各类主体妥善而充分的合作，提升技术治理的话语权和可行性。于是乎，技术外交便应运而生了。

---

① 阎学通，徐舟.数字时代初期的中美竞争[J].国际政治科学，2021，6(1):47.
② DONALDSON A, YOUNANE I. A diplomatic deficit? The rise of non-state actors[EB/OL]. (2018-02) [2020-10-01]. https://www.britishcouncil.org/research-policy-insight/insight-articles/diplomatic-deficit-actors.

第三章　技术外交的发展与实施

本章首先追溯技术外交作为一种独立的外交类型的兴起和发展阶段，也以此再次强调技术外交的时代性和现实意义。本章后三节从技术外交的实施方式、主要特点和主要作用几个方面对技术外交的综合实施进行介绍和分析，并通过研究这些共性方面以及若干国家和国际组织的技术外交实施情况，逐步回答技术外交"怎么做"的问题。现阶段技术外交的实施已经呈现出了一些综合特点，与当前的国际形势紧密相连。

第一节　技术外交的发展阶段

技术外交具有深厚的经济和科技外交的历史基础。从内容上来说，技术外交的雏形由来已久，涉及国家行为主体在科学技术领域与跨国企业的交涉等活动，在历史跨度上主要是出于对军事优势的争夺和经济发展的追求。从经济外交角度看，科技产品的贸易是增加国家财富和扩大海外市场的重要手段，也可以成为遏制竞争者利益实现的方式。例如，20世纪80年代，美国与日本签订两份《美日半导体协定》，在双边谈判的框架下美国向日本施压，强制提高对日的高技术出口份额，帮助美国企业获得日本市场。[1]跨国公司的地位和影响也得到了关注，它们经与政府部门博弈，可以通过在全

---

[1] 林娴岚.技术民族主义与美国对苏联、日本的高技术遏制[J].世界经济与政治,2021(12):146.

球范围内配置资源影响母国和东道国的对外经济政策。①从政治外交角度看,不管是"冷战"时期两大阵营的博弈,还是提升国际形象的需要,各国会以科技活动为工具实现其政治目标。然而,这些活动的经济性质非常显著,往往以调整对外贸易的方式谋求利益。此外,就这些跨国公司的角色而言,它们未被国家和政府当作可以直接商讨治理问题或制定政策的外交对象,国家间的协调机制发挥了全部外交功能。

当下,一些国家已经有计划地开展了相关活动。2017 年,丹麦特设"技术大使"(Tech Ambassador)一职,成立了技术大使办公室(Office of Denmark's Tech Ambassador),②是第一个通过特设的外交职能来开展技术外交的国家。以此具有代表性的实践事件为技术外交元年的标志,笔者在本节追溯了技术外交诞生前后的三个发展阶段。

一、萌芽阶段

首先是技术外交的萌芽阶段。本世纪初,一些国家对技术变革保持持续敏感,也认识到国际科学技术合作的窗口仍未关闭,开展了具有技术外交特色的活动。除了在常规的外交场合和外交活动中探索与跨国技术企业开展技术研发、商务贸易合作外,一些主要大国在原有的政府组织框架内常态化推动对技术相关议题的讨论。例如,中国科学技术部主要以技术分类搭建内设机构,也设有国际合作司,会同有关方面指导驻外机构相关业务工作;75 个驻外科技处或科技组隶属于科学技术部,设立于各国使馆或总领馆内,科技参赞也协同大使、领事处理与驻地各国各企业的科技相关事宜。

---

① 黄河.跨国公司与当代国际关系[M].上海:上海人民出版社,2008:269,297.
② 丹麦初创技术外交时使用的英语表述为"tech-plomacy",现常用"tech diplomacy"。其设立的大使职务及办公室的英语原名称为 Tech Ambassador 和 Office of Denmark's Tech Ambassador,名称本意为"技术大使"和"技术大使办公室"。为遵从中国习惯,丹麦驻华使馆称其中文标准译法为"科技大使"和"科技大使办公室"。为维持准确性和一致性,本书在论述丹麦的相关外交工作时仍保留使用"技术外交"及相关表述。

随着信息传播技术的普及,技术问题对国际关系的影响开始凸显,通过国际组织协调全球技术问题的努力也逐步增多。1998年,互联网名称与数字地址分配机构(Internet Corporation for Assigned Names and Numbers,ICANN)成立,负责在全球范围内协调互联网唯一标识符系统,确保网络的稳定和安全运行;2003和2005年,联合国分别在日内瓦和突尼斯召开了两个阶段的"信息社会世界首脑会议"(World Summit on the Information Society,WSIS),其中的一个重要议题就是帮助欠发达国家推广互联网。它们的成立成为国际社会进入信息网络时代的重要事件,也提升了各国对网络化和数字化技术的重视程度。

进入21世纪第一个十年,多技术融合趋势凸显,社交网络平台也已在全球广泛搭建,大大丰富了外交手段。全球技术企业也开始在对外政策制定和外交对话中占得一席之地。法国意识到技术公司可在某些技术治理方面给予重要建议,在2013年便开始依据本国社会和数字经济发展需要而派遣特使,其任务是和美国的大型数字平台开展直接对话。随着技术企业参与社会治理的逐步深入,非传统的全球技术治理问题也越发凸显其重要性,技术与外交的结合更加紧密。

二、初创阶段

第二个阶段可以被称为技术外交的初创阶段。以2017年丹麦成立技术大使办公室为标志,丹麦和欧洲各国首先开始积极主动地在全球开展技术外交活动。近几年欧盟委员会的数字经济和社会指数(Digital Economy and Society Index)显示,丹麦一直是全球整体数字性能的领导者。[①]作为欧洲的一个小国,丹麦试图通过技术外交协调丹麦本国利益、欧盟和市民社会需要,为技术发展给全球政治经济社会带来的变革做好准备,也为应对技术巨

---

① 相关数据可参见欧盟委员会数字经济和社会指数官方网站:https://ec.europa.eu/digital-single-market/en/desi.

头逐步彰显的影响力而提前布局。通过在美国、中国、韩国、以色列等国家宣传技术外交的理念、在 Spotify 启动播客节目、在 YouTube 等平台注册技术大使办公室官方账号并上传视频等，丹麦广泛塑造了技术友好的形象，也将技术外交的概念送进全球社会视野。法国、保加利亚、奥地利等也相继设立了新的技术外交职务，在外交对象、议题和组织架构上持续探索创新，迅速带动技术外交作为一种独立外交类型在全球的发展。

相关领域的跨国组织和对话平台也相继建立。例如，2018 年，欧盟对外行动处（European External Action Service，EEAS）倡导组建了"全球技术小组"（Global Tech Panel），其成员主要为技术企业、国际组织和民间团体的管理者，部分有过在外交部门工作的经历。该小组的目标是促进外交和技术之间的新型合作，公开讨论和实际研究创新解决方案，特别关注处理技术、外交和安全政策之间的关系。[①]由于对新技术革命的敏感性增加，一些国家和民间智库不仅以完善治理为目标试图塑造技术产业，还根据具体利益协调与其他国家和技术主体的关系。需要注意的是，从一开始，技术外交在种种活动和组织设计中就体现了多利益攸关方的特点，这与技术外交初创的主要目标对象及第四次工业革命技术的通用性和全球性特点都有天然关联。

三、稳定发展阶段

第三个阶段是技术企业和其他非国家类型主体回应且广泛参与到技术外交活动中的时期，技术外交的理论和实践链条得到了进一步完善，技术外交正在稳定地从初创走向成熟。在初创阶段，技术外交中的政府基本是单方面主动，将议题和意愿带到技术企业的大门口。即便如此，技术大使的任务和职责范畴在初创两年左右的时间内也未被充分理解。丹麦首任技术大

---

① European Union External Action. Global tech panel[EB/OL]. (2021-09-20)[2022-04-25]. https://www.eeas.europa.eu/eeas/global-tech-panel_en#10272.

使凯思伯·克吕恩(Casper Klynge)曾表示,他多次申请到访某大型企业,但最终被当作政治性参观对待。① 微软是最先回应并参与到技术外交关系中来的巨头之一,它还将本公司发起的倡议,如"数字日内瓦公约"(Digital Geneva Convention)和"数字和平在行动"(Digital Peace Now)与一些国家的外交政策相匹配,显示出特定的目的。

当然,技术巨头企业被当作与主权国家地位同等的外交行为主体的争议声不断。各国也开始频频针对技术巨头开展行动,显示出国家决策者对新技术领域的内外监管政策都在发生显著转变,也反映出外交中多主体多元素的竞争和当下技术治理存在的不稳定性。不过,越来越多的企业意识到了自己的政治和社会责任,以及与政府推进对话和合作的重要性。更多的国家和多利益攸关方的参与,很大程度上丰富了技术外交的议题和议程。

与此同时,各类国际行为主体开始关注到技术外交为事务协商、问题解决和合作达成起到的桥梁作用,双方或多方又体现了对话意愿,那么制定策略、战略和长效机制便可续接上了。21世纪20年代初,一些发达国家和发展中国家几乎同时起步,开始制定并落实技术外交战略,将技术问题正式纳入国家议程,与国家的经济、安全和社会政策对接,实施的方式也趋于稳定。2021年亚太经合组织首席执行官峰会(The APEC CEO Summit 2021)在线上召开,有大约20名与硅谷接触过的技术大使代表他们国家的外交部参会。② 对非国家行为主体而言,技术外交为其参与技术治理打开了一扇大门,"主角"意识的提升也使其开始主动关注对更为有效的机制的建设。例如,世界经济论坛于2020年和2021年均发布了全球技术治理报告,建议遵循多利益攸关方的治理路径,2021年的报告还特别就新冠疫情背景下一些国家、

---

① SATARIANO A. The world's first ambassador to the tech industry[EB/OL]. (2019-09-03) [2021-01-05]. https://www.competitionpolicyinternational.com/the-worlds-first-ambassador-to-the-tech-industry/.

② RAY S. The art of diplomacy gets a tech makeover, looking beyond coffee and corridors to a post-pandemic world[EB/OL]. (2021-12-10)[2022-01-02]. https://news.microsoft.com/apac/features/the-art-of-diplomacy-gets-a-tech-makeover-looking-beyond-coffee-and-corridors-to-a-post-pandemic-world.

企业和非营利性组织的创新技术治理举措展开调研。[①]世界经济论坛对技术问题的重视和其在相关领域的影响力,带动了50多个国家的政府和200多家企业参加2021年4月的首届全球技术治理峰会(Global Technology Governance Summit),共商提高效益、避免伤害、互通有无的议题。

在这个阶段,各国开始制定技术政治战略,大国技术权力竞争的特征越发显著。传统的地缘政治战略思维已无法完全解释新的竞争特点,围绕技术权力核心,各国在战略理念、目标、路径、威慑、手段和空间等方面开始全面布局(见图3-1)。这种布局变革始于战略思维的转变,发挥多域融合作用和全域威慑能力,目标直指新技术权力的获取和新霸权地位的实现,以形成

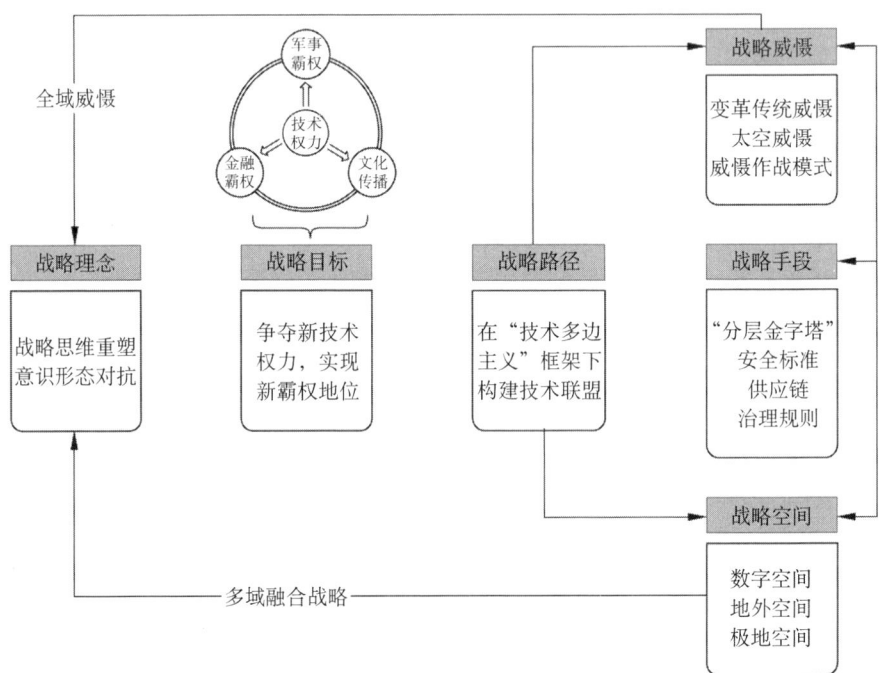

图3-1 技术政治时代的国际战略布局[②]

---

① World Economic Forum. Global technology governance report 2021:harnessing fourth industrial revolution technologies in a COVID-19 world[R/OL].(2020-12)[2022-01-02]. https://www3.weforum.org/docs/WEF_Global_Technology_Governance_2020.pdf.
② 唐新华.技术政治时代的权力与战略[J].国际政治科学,2021,6(2):75.

新的战略优势。目前,中美战略竞争的态势尤其激烈,技术权力既是手段也是目标,两国正在通过活跃的技术外交活动践行各自的对外政策或外交战略,并直接作用于新的国际秩序构建和国际权力版图的变迁。美国智库根据中国的"两个一百年"奋斗目标的年份坐标,预估了两国战略竞争将持续到 2050 年左右,[①]因此,在未来的 20 多年间,中美战略相持和战略竞争将成为新常态,许多国家的技术外交政策和战略均将受其影响。此外,越来越多的主体参与全球技术治理的争议越发显著,如何充分发挥技术外交战略与机制的作用还需观察。

第二节　技术外交的实施方式

　　从外交实践来说,技术外交的部分工作和活动的开展与传统外交方式相同,例如,国家领导人或外交代表之间就某项议题交换意见,在国家利益的引导下,可以达成合作、拒绝某项提议或不置可否、再行商议等。经济议题中,技术企业可以成为促成国家间合作的"桥梁",包括优先实施该国项目、接受外资的注入以及联合推动经济合作或援助等。若涉及公众比较关注的议题,国家或其代表人也可以通过多种渠道与教育界、文化界或社会人士开展国际交流。然而,技术外交的实施一定程度上体现了对传统外交手段的解构——在理念和对象上更加开放,在目标和战略方面更加精细。特别是在与主要技术企业和国际组织的交往实践中,技术外交的定位和任务逐渐明晰,一些新的理念得以形成并传播,技术外交的组织机构得到重组,也形成了一些专业性的具有全球技术治理性质的制度。现阶段技术外交的实践可总结为以下几个方面。

　　第一,积极宣传技术外交的概念和理念。各国在全球形成并强调技术

---

① 黄仁伟.中美战略相持阶段与战役缓冲[J].国际关系研究,2022(2):4.

外交概念,积极拓展其理念适用范围,增强各类行为主体参与合作和共同治理的驱动力。技术外交是数字时代外交方式和范式的创新,也是一种对外政策和技术共治趋势,需要理念上的认同和激励。具有"创始"贡献的丹麦,不论是在与美国、中国、韩国等的双边活动还是多边活动中,都以技术外交为着力点,常常倡导外交官应走入技术企业、融入技术生态,也认为这些企业和创新中心需要外交官帮助协调全球技术风险问题并推动政府合理介入,呼吁通过强有力的、集纳多利益攸关方的对话方式来"探讨未来如何利用新技术形塑社会,……更好地应对新技术所带来的机遇和挑战"[①]。《中华人民共和国国民经济和社会发展第十四个五年规划和2035年远景目标纲要》提出,将实施更加开放包容、互惠共享的国际科技合作战略,更加主动融入全球创新网络。[②]可以看出,中国正在号召不同国家和不同类型的行为主体保持良好的心态和理性的认识,以应对共同的危机和问题,推动与各国关系向前发展。这也是技术外交顶层设计和理念拓展的一种体现。

目前技术外交的理念设计还处在比较初级的阶段,有待在广度、深度和强度方面拓展。不过,认同主体角色差异,整合多方比较优势,呼吁预防为主、技术责任共担的基本精神已然得到宣扬。

第二,改组政府或非政府组织架构或涉外逻辑。一些政府组织机构或非政府组织机构改革了其组织管理架构或涉外逻辑,完善技术外交组织和运行机制。为了更好地推进外交工作,一些欧洲国家和综合性国际组织最先开始根据对话的对象、领域和组织方式来调节机构设置和涉外逻辑,以快速融入技术创新环境并应对专业化的议题。专职部门和职务的设立是最直接的反映,除了丹麦和法国,保加利亚应是世界上第三个设立技术事务亲善大使专职的国家。保加利亚一直在力图发展数字经济,为本国新兴技术创

---

① 丹麦欲加强与我国外交[N/OL].经济参考报,2018-02-08[2021-01-20].http://finance.sina.com.cn/roll/2018-02-08/doc-ifyrkrva4908393.shtml.
② 中华人民共和国国民经济和社会发展第十四个五年规划和2035年远景目标纲要[M].北京:人民出版社,2021.

业企业提供良好的政策环境。① 还有一些国家也重视技术外交事务的专业性,例如英国和澳大利亚已经安排了技术派驻任务,②斯里兰卡倾向于在开展"硅谷外交"的同时推动区域联合,为本国政策的制定服务。③ 另有些国家的政府部门连同国际组织、企业、移居和移民专家等,在地理位置和功能上形成创新中心,并通过这些中心之间的联系来拓展与其他国家的双边关系。④以德国为例,德国技术加速器(German Accelerator Tech)最初由德国联邦经济事务和能源部支持成立,是一个旨在推动科技类创业公司走向世界、提升德国全球科技领导力的技术创新中心。其在美国湾区也设有实体办事处。它现在完全独立于政府外交部门,不仅为更多德国"独角兽"企业的出现制造机会,也成为提升德国数字经济实力的重要一环。⑤世界经济论坛2017年成立了第四次工业革命中心,其政策框架和治理议程条款按照6个焦点(人工智能和机器学习,物联网、机器人技术和智慧城市,区块链和分布式账本技术,数据政策,自动驾驶与城市流动,无人机和未来空域)来分类,后更新为8个关键技术领域(人工智能和机器学习,自动化系统,生物经济,气候技术,数字治理,数字包容,空间技术,量子技术),⑥同未来对国际社会影响最大的几项前沿技术分类保持一致,并围绕这些焦点开展国际合作和调研活动。

---

① AARUP S A. TechPlomacy: a laboratory in diplomacy[N/OL]. Polemics magazine,2019-04-25[2020-08-10]. http://www.polemics-magazine.com/tech-env/techplomacy-france-bulgaria-denmark.
② SATARIANO A. The world's first ambassador to the tech industry[N/OL]. The New York times,2019-09-03[2021-01-05]. https://www.competitionpolicyinternational.com/the-worlds-first-ambassador-to-the-tech-industry/.
③ HASANGANI S. Tech giants, "techplomacy" and mitigating online radicalization: lessons for Sri Lanka[R/OL]. (2020-02-10)[2021-01-25]. https://lki.lk/publication/tech-giants-techplomacy-and-mitigating-online-radicalization-lessons-for-sri-lanka.
④ HOREJSOVA T, ITTELSON P, KURBALIJA J. The rise of techplomacy in the bay area[R]. Geneva: DiploFoundation and the Geneva Internet Platform,2018.
⑤ 邓桂华.风投规模不到美国1/20,德国如何努力缩小差距?[EB/OL]. (2018-07-19)[2021-01-25]. https://www.sohu.com/a/242143049_324617.
⑥ 参见世界经济论坛的"第四次工业革命"官方网站:https://centres.weforum.org/centre-for-the-fourth-industrial-revolution/home。

需要注意的是,在现有的以国家为主体的技术外交活动中,当代外交的基本制度在技术外交中得以延续和遵守,包括基本的外交准则和外交惯例等。技术外交遵守的最重要的外交准则包括主权平等原则,和平解决国际争端、互不使用武力原则,不干涉任何国家内政原则。中国还提出了互相尊重领土主权、互不侵犯、互不干涉内政、平等互利及和平共处五项原则,也已经成为当代指导国家关系和外交实践的完整准则。然而由于涉及技术的研发、经营和使用等议题,虽然保护知识产权、市场机制等原则得以被遵守,但还有些准则因为对象不同而受到了挑战,比如在涉及相关技术和用户数据时,开放共享、互惠互利的原则就是要被多加考量的。这也是技术外交在准则建立方面可以努力的方向。

第三,制定技术外交战略和基本路线规划。各国纷纷制定技术外交战略,完善基本路线规划,加强顶层设计和对外政策的对接。在这方面,技术外交战略体现了以国家利益和安全为起点,以前沿技术为核心,进而塑造区域和全球技术治理原则、规则和路径的特点。欧洲国家仍旧走在了前列。2021年2月,丹麦制定了《2021—2023技术外交战略》(Strategy for Denmark's Tech Diplomacy 2021—2023),这是世界上第一份技术外交战略。该战略显示,丹麦技术外交保持与全球技术巨头进行政策性和建设性的对话与合作,这同时促进了这些巨头企业对相关事务和自身责任的反思。除丹麦外,一些发达国家和发展中国家也已经制定了相似的战略。澳大利亚外交和贸易部在2021年4月发布了新的《国际网络和关键技术参与战略》(International Cyber and Critical Tech Engagement Strategy),可以说是2017年《国际网络参与战略》(International Cyber Engagement Strategy)的"升级版",特别将"关键技术"——在该战略中被定义为能够显著增强或威胁到澳大利亚国家利益的技术,包括但不限于人工智能、5G、物联网、量子计算和网络安全技术——纳入外交战略。①

第四,搭建多利益攸关方的对话合作平台。为实现多利益攸关方互动,创新对话与合作平台和机制,技术巨头企业的技术领导力被充分调动。以往,基于技术问题具有的全球属性,各国领导人和外交人员积极主动地在传统外交框架内,借助已有对话与合作机制推动技术治理相关合意达成。而现在由于技术公司被调动或主动加入其中,技术外交的实践特色也提高了多边主义和多利益攸关方的活跃性。例如,2018年11月,为纪念"一战"结束100周年,法国总统马克龙倡议举办了首届巴黎和平论坛(Paris Peace Forum),重申多边主义和集体行动的重要性,号召完善全球治理和更有效的多边体系。马克龙在第13届联合国互联网治理论坛(UNESCO Internet Governance Forum)上发起《巴黎网络空间信任和安全倡议》(Paris Call for Trust and Security in Cyberspace,简称《巴黎倡议》),当天便有超过50个国家、90个非营利性组织和大学,以及130个私营企业签署。至2019年8月,中国企业华为也加入了《巴黎倡议》,彼时已有564个参与国家和机构了,包括139个社会组织和358个企业。②《巴黎倡议》的核心目标是确保国际网络空间的安全,其创新意义在于结合了多边治理和多利益攸关方模式,将可以帮助解决全球技术问题的多重主体置于平等对话的地位,调动了企业和国际市民社会参与全球技术治理的积极性。2019年3月,新西兰克赖斯特彻奇恐怖袭击后,受到《巴黎倡议》的鼓舞,微软主动和新西兰政府开展了关于防范网络恐怖主义、消除极端网络言论、维护和平的讨论。③新西兰派遣该国网络安全专员保罗·阿什(Paul Ash)前往欧洲协调相关事务,在得到法国的支持后,一些国家和技术公司签订了《克赖斯特彻奇行动倡议》(Christchurch

---

① Department of Foreign Affairs and Trade. Australia's international cyber and critical tech engagement strategy[R/OL].(2021-04)[2021-08-20]. https://www.dfat.gov.au/sites/default/files/international-cyber-critical-technology-engagement-strategy-2021.pdf.
② Huawei joins Paris call for trust, security in cyberspace[EB/OL].(2019-08-01)[2020-09-08]. https://www.huawei.com/en/news/2019/7/huawei-joins-paris-call.
③ 史密斯,布朗.工具,还是武器?[M].杨静娴,赵磊,译.北京:中信出版社,2020:110.

Call to Action),成为另一项由多类国际行为主体签署的对话机制。

技术公司成为技术外交的主体和对象并参与全球技术治理,确已形成趋势。实际上,凯思伯·克吕恩在2020年辞任丹麦技术大使职务后就到微软任职,成为微软欧洲政府事务副主席,为微软和欧洲政策制定者的对话提供协助。同一时期,微软还在纽约建立了联合国代表处,并向联合国纽约总部派驻代表,加强对联合国使命和工作的了解与支持,和联合国共同推进在关键技术、气候环境、人道主义、发展和安全目标方面的行动,帮助实现联合国可持续发展目标。越来越多的合作机制和组织也开始倾向于囊括政府、非政府组织和企业等多元行为主体,使交流协调更有效率。

第五,提升技术议题在社会公共事务中的可见性。在国际社会层面,民意和舆论对共同目标的达成具有促进作用。公共事务一般是指涉及社会或集体的共同利益或共同需要,或引起共同兴趣的政治、经济和其他社会事项,其信息多由政府或有关部门或专业官方媒体机构提供。外交工作中的公共事务更多是全球性的,而且伴随着信息化和数字化技术的普及,信息传播渠道更加快速便捷,信息来源更加多样化和个性化,民意和舆论也对外交行为和跨国活动产生了越来越重要的影响。如今,高新技术广泛应用于民生场景,人们越发关注技术创新资源是如何被利用来完善生活保障体系和改善生活水平的。在技术外交活动中,特别是在全球数据治理、网络安全和个人信息的跨境存储使用等问题上,公众依据已有议程设置会在某种程度上被调动而参与讨论和行动。在互联网和信息科技商用领域,绝大多数技术公司都更加自觉地公开其网络安全证书,或设置首席信息安全官(CISO)职务,并主动与监管机构、标准制定机构、投资者或用户在电视、杂志或社交媒体等平台上,就相关主题进行思想领袖式的讲授或辩论,在传递知识技能、抓住民众注意力的同时,向国际社会展现自身专业且负责任的企业形象。同样,监管和立法机构也可以通过媒体平台了解民众最为关切的方面,借力于已形成的意见和舆论环境促进一些跨国政策、国际法和全球治理规则的制定。自2016年G20杭州峰会以来,历年G20峰会都会关注数据治理议题,就数字经济贸易和技术发展变革过程中产生的最新问题以及民众最关心的问题展开讨论,在技术战略竞争加剧的大环境下维持积极共识。2019年的G20大阪峰会上,日本提出了"信任的数据自由流动"的概念,对"无边界"的数据自由流动的最终目标进行了展望。几年以来,各国在国内法律法规制定上都取得了一定成果,但突如其来的新冠疫情让数据收集、使用和流动的问题格外凸显,各国更加聚焦于现实问题的解决。有统计显示,71%的美国人表示不会使用联系人追踪应用程序,理由是担心数字隐私和侵入性健康监控。[①] 英国的一项调查显示,大多数民众承诺会下载和使用这些应用程序,但83%的调查者认为被收集的数据完全匿名化极其重要。[②] 2023年,联合国贸易和发展会议发布《G20成员跨境数据流动规则》(G20 Members' Regulations of Cross-Border Data Flows),对G20成员和特邀嘉宾国进行调研,分析了各国对个人数据、敏感数据和关键数据等关键概念定义的区分,介绍了各国数据相关政策和立法特色,讨论了多利益攸关方监管方法之间的共同点、差异和融合要素。该文件显示,基于自身具体情况而制定的数据跨境法律法规越发多样化,因而距离形成一套全球层面且具有强制约束力的国际法律体系还很遥远。由此可见,国际社会一致关注解决民众关切的技术问题,但共识的达成往往不是终点,技术外交的实施应给不同数字能力水平的国家和主体提供足够的政策空间。

[①] MULE N. Americans avoid to download contact tracing Apps amid data privacy concerns[EB/OL].(2020-06-19)[2023-07-02]. https://www.smartindustrynews.com/sin-article/americans-avoid-to-download-contact-tracing-apps-amid-data-privacy-concerns.

[②] TAYLOR E,JACKSON J,YESBERG J,et al. Coronavirus: survey reveals what the public wants from a contact-tracing app[EB/OL].(2020-05-15)[2023-07-02]. https://theconversation.com/coronavirus-survey-reveals-what-the-public-wants-from-a-contact-tracing-app-138574.

第三节　技术外交的主要特点

根据现有的实践和国际互动趋势,技术外交呈现出以下五个主要特点。

第一,重视"国家—跨国技术巨头"的外交对话。就交往主体来说,各国在技术外交中最重视和东道国的跨国技术巨头展开对话,这是由于它们在国际政治中展现的实际权力和在国际事务中发挥的重要作用在某种程度上与国家行为主体相当。就首先推进技术外交的国家政府来说,技术外交最主要的任务是和技术企业巨头这些具有结构性权力或专业性的主体建立直接的外交关系,这也是技术外交的关键创新之一。政府和外事部门会和东道国以技术企业为核心的技术生态加强互动,以期从接洽的跨国技术企业、政府部门、国际组织、非政府组织甚至技术移民群体和个人等主体中,获得一些技术事务和规范制定方面的专业建议,或者为未来更加深入的建设性合作打下基础。这在理论上也回应了面对跨国问题时传统外交的主客体范围相对狭义的限定。此外,外交对象和角色的变化也进一步推进了正式外交"生态"化的趋势:一方面,这些公司本就是研发与销售、概念与利润、产品与用户等杂糅共融的复合有机体,它们的各种活动渗入全球社会生产生活和治理中,同时也接受着技术标准、国家政策法规和国际规则的"规训";另一方面,国家同国际政治规范和程序、数字经济规律和体系,以及数字技术创新文化和生态,通过外交渠道和外交官得以相互理解和交融,甚至在物理和虚拟的场域中也开始实现协作。技术外交像是广阔的技术场域和外交场域中的"聚光灯",为各国整合碎片化的议题并开展全球技术治理提供了解释框架和尝试机会。

第二,目标具有强政治导向。第四次工业革命最重要的影响之一,是进一步将日常社会数字化、网络空间社会化。在维持经济稳定的情况下,如何能在这样复杂的社会和技术环境下减少对国际体系"失序"的担忧,并在变化的国际秩序中获得相对竞争优势,[1]是每个国家都在思考的问题。外交官往往需要主动前往这些公司所在的东道国以及大型创新中心(如美国硅谷)去寻找答案。外交活动后的反馈也时常需要一国政府内部的不同职能部门的参与,综合各部门和各国的实际需要处理联合议题。同时,当下全球技术巨头经数字技术赋权,通过"终端—平台—服务器"模式形成一种"发散性"[2]的权力,权力边界得以消散,业务范围和影响力超越了传统跨国企业"母国—落地国"的地理优势模式。因而,它们开始参与到一些国家行为主体的竞争中,与它们的合作和"对抗"成为世界政治议程的重要一环。

第三,任务具有全球性、组织具有创新性。受制于大国关系结构变化等,现阶段的全球技术治理体制机制建设相对滞后,多边主义持续受挫。全球治理本应以广泛的参与度和解决共同问题的目标为基础,技术发展又恰巧更加要求超越国界的思维和合作。因而,技术外交在其理念、实践和文化方面较传统外交具有一定创新性,一些国家与技术强国及其全球科技创新中心优先建立联系。通过在全球范围选择对话主体(谁)、界定技术议题性质(是什么)、探求问题的起源(为什么)、推动治理合作平台搭建和运作(怎么办)等,一种全球技术治理的框架逐步清晰了起来。

第四,议题广泛而新颖。技术外交的议题广泛而新颖,且处在不断地拓展当中。安全利益居国家利益的首位,也是外交的核心议题。网络空间现已成为继陆、海、空、天之后的第五主权和战略空间,网络袭击、网络间谍甚至未达到武装攻击级别的网络颠覆,增加了各国的相互指责,但也督促了基于技术合理应用下的负责任的国家行为的实现,和公开透明的准则与机制的建立。利用大数据监测,一些国家和技术企业还在反恐方面达成了协议,因而促成了对社交媒体平台相关内容的监管、审核与合法化。[3]随着人工智能技术的进一步革新,诸如技术伦理等社会议题也被加入技术外交的讨论

---

[1] 刘杨钺.技术变革与网络空间安全治理:拥抱"不确定的时代"[J].社会科学,2020(9):41.
[2] 蔡翠红.高科技跨国公司的全球影响力探究[J].人民论坛,2019(34):37.
[3] 史密斯,布朗.工具,还是武器?[M].杨静娴,赵磊,译.北京:中信出版社,2020:110.

范围。丹麦还和 IBM 公司合作,利用其"预测分析"(predictive analytics)功能来解析移民人口流动的大数据,以提供更好的人道主义救济。[①]技术外交正在通过正式和非正式渠道推进丰富的议题讨论,不仅可以为国家制定内外政策提供一手资料,也可以为有效降低社会风险、更好地面对技术的更新迭代做准备。

第五,方式具有多样性。技术外交的实施承袭传统科技外交的方式,也随着主体多元性和议题多样性而在方式上有所创新。按照组织实施的主体,传统科技外交可分为政府间科技合作和民间的科学技术交流等。其中,政府部门是缔结条约和谈判磋商的主体;经由国家政府部门牵线,国家与企业间也可签订协议。而当技术外交中涉及技术的社会治理问题时,往往由议题的核心来主导实践的方式,例如,有些国家采取了协议投资、促进合作的方式,但出现了根据技术产业的发展来制定国内政策的趋势。在丹麦和日本的技术外交活动中,还提到保障美国旧金山湾区发展对各国稳定发展的重要性。[②]许多国家都在试图更为彻底地融入旧金山湾区的技术生态,定期在该地召开会议论坛、举行政商座谈、开展人才培训等,都是已经颇见成效的方式。

第四节 技术外交的主要作用

作为一种新的外交类型,技术外交应时代需求而产生,重视新兴国际行为主体的重要作用,特别聚焦于对全球技术问题进行思考,并意在解决实际的技术治理问题。一些富有特色的技术外交活动已得到开展,逐步确立了

---

① SAMUELSEN A. The international situation and Danish foreign policy in 2017[R]//FISCHER K, MOURITZEN H. Danish foreign policy review 2018. Danish: Danish Institute for International Studies, 2018:14-31.
② HOREJSOVA T, ITTELSON P, KURBALIJA J. The rise of techplomacy in the bay area[R]. Geneva: DiploFoundation and the Geneva Internet Platform, 2018:12.

技术外交在国际关系和国际社会发展中的独特地位。技术外交的主要作用包括以下几个方面。

第一,为新兴国际行为主体参与全球技术治理提供渠道。推行技术外交也是促进新兴经济体和新兴非国际行为主体参与全球技术治理的有效方式。在全球经济衰退的情况下,新兴经济体加快国内政治经济改革,对世界经济恢复的贡献在持续增强。它们还在有关世界和平和发展的各个领域积极采取行动,努力进行资源整合,增强在国际事务中的影响力,不断推动发达国家和新兴经济体的"共治"格局。此外,还有一些新兴的非国家行为主体也正在提升影响力和专业度,为参与全球技术治理作出努力。其中,以全球技术巨头公司为主的新兴非国家国际行为主体成为数字经济的主要推动者和受益者,拥有创造和分配巨额财富的能力,还具有不断提升的安全、生产、金融和知识四个方面的权力。还有一些全球性、地区性或跨国性的国际组织,它们通过制定和推广某些规则和规范,形成或强化全球领导力,并在不同国家内取得了一定运作权威。然而,今天全球治理中的核心利益诉求仍然是国家利益,这就使得一种国际化、通用性的知识生产与国家层面、内部利益角度的科技创新产生了分歧。这样的分歧并非无法协调,但困难在于:一方面,传统的国际机制及其理念难以适应新主体的崛起,有待按照新力量的分配情况重新平衡;另一方面,新兴经济体和新兴非国家行为主体也尚缺乏治理经验,能否善用影响力是它们面临的新考验。全球技术治理本应是"各有千秋"的参与者的全球互动和集体决策。此时技术外交渠道的搭建正是一种"邀请",为打开技术共治释放了积极的信号,迎合了新兴的国家和非国家行为主体在全球技术治理中提升话语权的需求。

第二,推进技术议题协商并将技术纳入社会治理范畴。技术外交可帮助推进技术议程协商,并将技术纳入国际社会发展的有序治理范畴。理查德·哈斯(Richard Haass)认为,"失序"一词贴切地抓住了当前和未来形势的特点。①不断加速的技术变革便是造成这"失序"迷雾的首要原因。②技术创新的迭代性、颠覆性、适配性已然对各国政府的治理能力提出了新要求,数据与信息等技术资源的流动、技术活动的组织等更是超越了国家边界,需要参与者围绕国家利益开启开放合作的新思路。张瑾等从全球经济和技术创新角度,提出全球化动向和贸易保护主义动摇了以世界贸易组织为核心的多边贸易体制,③而适应新技术时代的新行业、新领域和新经济形态的贸易机制等尚未形成,各国的积累性优势随时会被削弱,为全球技术治理格局增添了不确定性和复杂性。前面提到过,推进通用型技术的国际合作不仅关系到各国政府的工作,还关系到国际社会和全球人民生活的稳定。因此,在这个意义上,技术外交活动的开展体现了增强技术互信的良好姿态,强化了将解决技术问题作为解决人类共同问题的意识。

第三,进一步塑造有利于个体或集体发展的国际环境。技术外交还有利于为单一国际行为主体,以及双边、多边或区域发展营造良好的国际环境。技术外交有着很明显的时代印记,在技术持续渗透国际社会且技术战略竞争日趋升级的形势中,它的影响力必然稳步提高。从技术外交的综合活动中可以看出,由政府直接出面促进技术合作或相关贸易,并且推进技术外交战略,仍是最有效的实施方式。但在一些关键议题和特定场合,与非政府的多类主体建立外交关系,更能增强政府与技术圈和社会公众的沟通,巧用公共外交或一些融合方式,为实现建设性突破营造良好的氛围。此外,大国不应该是国际环境的"因变量"。新兴经济体和一些新技术主体通过技术外交参与国际组织和国际事务的行为,可以成为更多主体的范本,有利于调动广泛的积极性,形成一股有活力的合力。各国各主体在遵守、倡导或制定国际规则的过程中,可以主动强化与其他国家、企业、组织和个人的良性互动,进而了解他人、调适自己,加固正在松动的国际和平稳定支撑体系。

---

① 哈斯.失序时代:全球旧秩序的崩溃与新秩序的重塑[M].黄锦桂,译.北京:中信出版社,2017:7.
② 刘杨钺.技术变革与网络空间安全治理:拥抱"不确定的时代"[J].社会科学,2020(9):41.
③ 张瑾,杨彩霞,万劲波.全球科技治理格局下的开放创新体系建设[J].科技导报,2020,38(5):7.

第四，回应人类对未来安全和发展的关切。从内涵层次而言，技术外交的实施还可回应全球未来安全和发展之关切。如果说和平与发展是全球化时代的主题，那么开放与共享就是新技术时代的主题。当下全球化程度加深但各国发展不平衡，保护主义、单边主义势力屡屡抬头，一些国家不愿接受甚至阻止全球治理机制的合理变革，全球治理赤字已经成为国际社会共同面临的严重问题。[①]加之与国际权力格局的变化相互牵制，新科学技术领域的竞争也有了极端化趋势和限制性特征，不免会加深"由点及面"的对抗，削弱了单一主体应对全球性风险的能力。通过技术外交搭建的合作平台，新技术创新的成果可以更好地帮助消除各国各主体间的操作隔阂和心理偏见，以此助力全球治理体系改革。同时，完善的治理机制也能促进科技向善，加强世界的互利联动、合作共赢，继续引领世界和平发展主流。

---

① 吴志成，王慧婷.全球治理体系面临的挑战与中国的应对[J].天津社会科学，2020(3):66.

第四章 若干国家和国际组织的技术外交实践

技术外交的产生回应了时代需求,也在实践中体现了寻求解决共同问题和完善技术治理的姿态。本章选取了7个不同类型国家和非国家行为主体,观察和分析其技术外交实施情况,按照外交"能力—认知—行动"框架分析了它们实施技术外交的原因和情况,进一步开展对技术外交适应性和特性的分析。选取7个主体——美国、欧盟、丹麦、韩国、俄罗斯、印度和全球互联网反恐论坛,主要的考虑是它们具备代表技术外交主体的特点,以此丰富技术外交实施案例。多类国际行为主体都开展或参与了技术外交,不论是世界上的主要大国还是新兴经济体,都在该领域有理念开发或行动实践。美国、欧盟、韩国和丹麦属于发达国家或地区,其中美国既是技术最发达的国家,也是国际政治舞台上的超级力量;欧盟保有多极化格局中"一极"的地位,也作为国际社会中的"规范性力量"在全球技术治理中发挥着特殊作用;韩国是新晋发达国家,其在5G/6G、半导体和人工智能技术等战略技术领域拥有话语权;丹麦是发达小国的代表,在经济技术实力、技术理念创新和战略制定与行动方面具有前沿性和突破性。俄罗斯和印度是发展中国家,俄罗斯继承了苏联的主要科学技术力量,但是现在面临着自身的技术局限和来自多国的技术制裁;印度是金砖国家之一,是最具技术创新实力和庞大人才储备的发展中国家之一,有着进一步把握技术革命红利的迫切需求。这几个主体具备各自国际行为主体类型的一些代表性,也可以帮助笔者进行共性的归纳和个性的分析。全球互联网反恐论坛虽是基于特殊需要而被发起的专业性国际组织,但从外交的角度出发,该论坛最能体现非国家行为主体以及其中技术巨头企业在技术外交中的能动性和专业性角色,代表技术外交的多利益攸关方的范式转换。

需要注意的是,全球技术企业应有归属国,即其"法人国籍",但企业活动主要源自并依据其技术业务来参与技术外交活动,因而本章还是以某个国家或国际组织的技术外交为主线进行案例分析,在其中穿插论述全球技术企业的技术外交活动,不再以特定企业为案例进行论述。

第一节 发达国家与地区

一、美国:战略核心,全球布局

从技术外交的实施活动的整体情况来看,美国政府、美国的科技巨头企业及其高新技术创业区域是其他国家政府最重要的技术外交"对象"。但从美国国家角度来讲,与其说它开展技术外交活动,不如说它是在执行自己的技术战略政策而促成新的国际关系框架。在当下"一超多强"的国际体系中,美国为了维持其最强大的单极力量,其技术外交主要以国家战略为导向,在重点发展特定目标所需技术和引导前瞻性的重点项目方面支持合作,其余的多是交给市场、资本和竞争去调控和开拓了。但为压制所谓竞争对手的崛起,美国围绕技术主战场制定了系列方案和政策,特别是重拾多重政府行政手段,进入了调整技术国际关系的新阶段。

(一)能力

毋庸置疑,美国在一个半世纪内崛起为全球霸权的重要依托,就是科学技术创新。在当今第四次工业革命背景下,这样的创新和技术活力依然强健,仍在引领全球产业革命和全新价值的创造。美国国内并没有制定综合性的中长期科技发展规划的传统,也没有一个最高的科技管理部门来负责规划的执行或统筹科技资源配置。其科创主要是根据具体的市场需求、公共和社会需求,以及政府工程安排来进行。① 这契合美国国家文化中的自由、开拓和实用主义精神,也得益于其较早起步并逐步完善的现代化市场机制、管理机制和法制系统,整体系统平稳且有效。② 2021年世界数字竞争力排名报告显示,美国又一次领跑世界,持续四年保持全球第一。③ 由于微软、谷歌、亚马逊等几大技术巨头企业的存在,美国的数字经济规模也长期稳定在世界第一。④ 美国保持技术霸权优势的核心目标从未改变,特别是从2018年起,为遏制中国崛起,美国开始重新布局技术外交。在全球化发展进程中,中国在科技领域取得了显著成就,不过在部分关键技术领域与美国仍存在一定差距。当下,国际格局正经历着深刻复杂的调整,第四次工业革命带来了全新的发展契机。中国的快速发展与科技进步,引发了美国的高度关注。近年来,美国将技术发展战略重要性提升到新的高度,对中国展开的战略竞争态势正在逐渐形成新的格局。

(二)认知

随着技术外交的展开,美国的技术巨头企业及其业务为各相关国所重视,美国政府自身也意识到技术外交的独特性和必要性。更多的学者和政策关注到技术外交在帮助制定国际组织、私营公司和国家政府互动框架等方面的作用。而且,美国政府认为,由美国主导的技术外交议程可以将促进自由、保障民主、维持行业活力和保护人权的理念引入国际标准的制定和联

---

① 秦绪军.美国科技创新资源配置导向及相关创新计划[J].中国科技奖励,2015(9):71.
② 刘亮.美国文化中的开拓精神对科技创新的影响[J].安徽科技,2013(4):55-56.
③ IMD.IMD world digital compaetitiveness ranking 2021[R/OL].[2025-01-30].https://u.ae/-/media/About-UAE/competitiveness/digital_2021.pdf.
④ 中国信息通信研究院.全球数字经济白皮书——疫情冲击下的复苏新曙光[R/OL].(2021-08)[2025-01-30].http://www.caict.ac.cn/kxyj/qwfb/bps/202108/P020210913403798893557.pdf.

盟的建立中来。①美国在科技政策的制定方面长期遵循四项原则,反映出其对技术创新发展的态度:一是以基础研究为核心,将基础研究作为所有创新的知识源头;二是政府支持国家为实现特定目标所需的技术,努力在关键领域实现突破;三是秉持自由市场原则,通过市场调节资源配置;四是政府政策的目标是健全高效的市场环境,培育有利于创新的市场环境。②这四项原则在今日也对美国的技术创新发展具有重要指导意义,特别是美国坚持市场自由,体现的是对自身在第四次工业革命技术方面优势的自信和获得巨大经济利益的逻辑。然而,美国常被诟病的是其为达成自身利益目标体现出的态度与行动不一致。例如,美国倡导数据自由流动和利用贸易协议解决国家间的相关事宜,但是它对竞争者常会存在数字保护主义的执念,在掌握技术主导权和消除贸易壁垒之间、在强调言论自由和个人隐私与推行数据监管之间左右摇摆或执行双标。③在美国占据技术市场的绝对优势下,其他国家在网络信息领域的权益会受到压制,安全也会受到威胁。

(三)行动

尽管行动晚于欧洲,美国近两年在改组政府职能以适应技术外交工作方面进展飞速。2022年4月,美国成立了新的网络空间和数字政策局(Bureau of Cyberspace and Digital Policy),融合了之前已有的国际网络空间安全、国际信息和通信,以及数字自由三个职能单位。2022年8月,拜登政府任命纳撒尼尔·菲克(Nathaniel Fick)担任美国的首位网络空间和数字政策大使。菲克曾是网络安全软件公司Endgame的首席执行官。该举措帮助美国维持其在制定全球网络领域的相关标准和制度方面的领导地位,可

---

① CHIANG M. The era of "tech diplomacy" is here[EB/OL]. (2021-07-07)[2022-02-01]. https://www.forbes.com/sites/mungchiang/2021/07/07/the-era-of-tech-diplomacy-is-here/?sh=1354b8397687.
② 张翼燕.美国科技政策的"四项基本原则"[J].全球科技经济瞭望,2015,30(1):18.
③ 毛维准,刘一燊.数据民族主义:驱动逻辑与政策影响[J].国际展望,2020,12(3):27.

以预料更加直接的技术外交政策将会在美国出台。

当下,围绕中美战略竞争的整体态势,美国已经开始在技术层面抓紧开展全球布局。2020年8月,正值新冠疫情肆虐之时,美国政府在新技术领域推出了"清洁网络计划"(The Clean Network),在运营商、应用商店、应用程序、云服务、海底光缆、5G通路这六个方面设定"清洁"标准,号召"热爱自由的国家和企业加入"。这是美国开始在互联网技术领域排除异己、逼迫外部国家和企业选边站队的标志行动之一。① 目前,美国正在从技术规则和标准体系、供应链、技术价值观、技术联盟等多维度构建可严格阻隔技术创新要素流动的"分层金字塔"结构体系(见图4-1)。② 2021年4月,美国国会参议院外交委员通过的《2021年战略竞争法案》,既是美国第一部跨党派制定的对华战略法案,也是美国开始全领域应对所谓中国挑战的纲领性文件。在新技术层面上,该法案明确计划拨款7 500万美元用于在印太地区建立基础设施交易和援助网络;③计划投入1亿美元打造数字联结和网络安全合作伙伴关系,用于加强其在全球的基础设施建设,并"促进美国信息和通信技术产品和服务的出口,增加美国公司在目标市场的市场份额";④计划投入1 500万美元用于帮助涉华的美国商人和商业实体寻找并建立在中国大陆之外的供应链替代市场,解决其供应链管理问题。⑤ 两个月后,美国和欧盟便启动了贸易和技术委员会(EU-US Trade and Technology Council),计划增加跨大西洋贸易和对新技术产品和服务的投资,帮助协调美欧双方分歧,并统一在技术标准、数据治理、半导体供应链等方面的重大政治政策决议步

---

① 徐培喜.2020数字冷战元年:网络空间全球治理的两种路线之争[J].信息安全与通信保密,2021(3):19.
② 唐新华.美国对华科技遏制战略趋势观察[J].中国信息安全,2020(8):68-70.
③ U.S. 117th Congress. S.1169 - Strategic Competition Act of 2021 [EB/OL].(2021-04-21)[2021-12-28]. https://www.congress.gov/bill/117th-congress/senate-bill/1169/text:327.
④ U.S. 117th Congress. S.1169 - Strategic Competition Act of 2021 [EB/OL].(2021-04-21)[2021-12-28]. https://www.congress.gov/bill/117th-congress/senate-bill/1169/text:334.
⑤ U.S. 117th Congress. S.1169 - Strategic Competition Act of 2021 [EB/OL].(2021-04-21)[2021-12-28]. https://www.congress.gov/bill/117th-congress/senate-bill/1169/text:35-37.

调,明确提到要在这些领域研究对华措施。这是美国和其盟友组建俱乐部性质的"技术联盟"的又一重要事件,其所谓的技术多边主义框架得到初步搭建。①

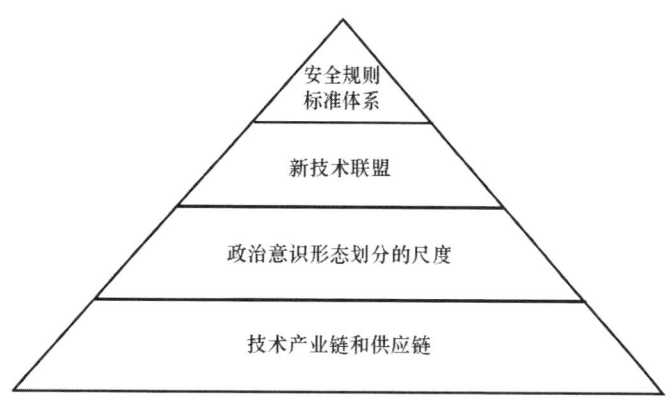

图 4-1　美国"分层金字塔"式的战略竞争体系②

美国也没有忽略对发展中国家的技术扶持,这是美国应对大国战略竞争的重要一环。长期以来,发展中国家处于全球科技发展和科技外交的边缘地带,但随着第四次工业革命的演进,加之大国战略竞争的升级,与发展中国家推进技术合作的价值逐步得到重视。一方面,发展中国家仍旧代表了巨大的潜在市场,以及离岸创新或制造基地,可以帮助大国完善技术供应链和贸易链,形成数字经济红利;另一方面,一些大国也可以利用自身的技术优势为发展中国家提供技术公共产品,形成特定的技术文化氛围,以为本国发展营造良好的国际环境。2021年的七国集团峰会上,美国与其盟友发起了"重建更美好世界"(Build Back Better World,缩写B3W)的倡议,目标是在2035年之前向低收入国家投入40万亿美元用于基础设施建设,③意图争取这些国家的支持并与中国的"数字丝绸之路"倡议展开竞争,维护在东

---

① 唐新华.西方"技术联盟":构建新科技霸权的战略路径[J].现代国际关系,2021(1):38.
② 王磊.美国对华人工智能战略竞争的逻辑[J].国际观察,2021(2):112.
③ The White House. U.S.-EU Summit Statement[EB/OL]. (2021-06-15)[2021-08-10]. https://www.whitehouse.gov/briefing-room/statements-releases/2021/06/15/u-s-eu-summit-statement.

亚与中东等地区的以美国为领导的"自由主义秩序"。美国还提升了对非洲的技术外交的战略意识,通过改组政府机构、协调政府间合作、调动企业投资等多种方式,增强对非的技术援助和贸易支持力度,也参与了非洲数字贸易规则规范的制定,限制了中国在非洲的影响力。①

此外,美国也在梳理和多元国际行为主体的关系,利用其对全球性技术事务产生影响。例如,2021年4月,拜登召开了半导体供应链CEO视频峰会,美国电话电报公司(AT&T)、谷歌、三星、英特尔、台积电等19家企业受邀出席,共同讨论美国当下半导体产业遇到的挑战、问题和解决方案。拜登希望与会企业支持美国的半导体政策,强调要将保护美国的半导体供应链作为优先事项,在与中国的竞争中保持实力。② 2021年7月,普渡大学技术外交中心(Center for Tech Diplomacy at Purdue)作为独立的智库成立,首年与澳大利亚、巴西、爱沙尼亚、芬兰、以色列和新加坡等国大使馆及多个机构达成了合作意向,聚焦于政府、业界、学界和盟友共治的"技术治国"方略(Tech-Statecraft)。③ 该智库的联合创始人之一是美国前国务卿科技顾问蒋濛(Mung Chiang),他是华裔电子工程学教授,对中国有着广泛了解。2020年他任职期间,他和一些官员致力于将技术外交的能力建设和政策协调制度化,如设立区域技术官员职位作为通往职业外交官员的途径,创立了一个跨部门的外交工作小组,并启动了全球首席技术官员圆桌会议系列讨论活动等。④ 该智库秉持的技术外交价值观和探索中的政策方向,一定程度上可以说是美国技术外交的缩影,它既无党派,也绝非短期的,而是服务于美国

---

① 张蛟龙.大国战略竞争与美国对非科技外交[J].中国非洲学刊,2021,2(3):121-126.
② 贵重,何鹏,何瑛,刘畅,李云翔,杜鹃,杜雅端.网信安全政策法律动态观察[J].电信工程技术与标准化,2021,34(5):11.
③ Center for Tech Diplomacy at Purdue. Center for tech diplomacy 2021 annual report[R/OL].(2023-09-14)[2025-01-30]. https://techdiplomacy.org/wp-content/uploads/2023/09/Center-for-Tech-Diplomacy-2021-Annual-Report.pdf.
④ CHIANG M. The era sf "tech diplomacy" is here[EB/OL].(2021-07-07)[2022-02-01]. https://www.forbes.com/sites/mungchiang/2021/07/07/the-era-of-tech-diplomacy-is-here/?sh=1354b8397687.

本国利益和战略,并帮助其强化全球领导力的。

二、欧盟:保持传统,探索变化

进入新世纪,欧盟统一的内部市场、核心的价值理念和稳定的法规体系成为其国际影响力的坚实基础。按照斯蒂芬·柯克莱勒(Stephan Keukeleire)的论述,欧盟长期执行结构性外交政策,不仅塑造和影响了欧洲地区的政治、经济、社会、安全和法律等结构,还让这些结构形成了持久的特征。①欧洲国家在成为欧盟的过程中,制度建设和政治整合起到了重要的先验作用,使得他们能够在一个尊重彼此价值观的框架内促进经济发展。但从现在国际形势走向来看,面对中美战略竞争常态化和俄乌冲突泥潭,欧盟一方面加强整体自我保护,支持全球治理;另一方面也逐渐强化了关系性的外交战略调整,更加注重真正的风险分析和交流的政治维度,特别是在涉及技术发展与管控层面寻求着变化与突破。

(一)能力

欧盟作为一个整体,在技术研发、理念创新以及技术领域的规则规范制定方面有着扎实的基础。20世纪90年代,信息与通信技术在欧洲得到大发展,在全球移动通信网络(Global System for Mobile Communications,缩写GSM)和3G等标准的投资刺激下,诺基亚和爱立信等公司的世界领先地位得到加强。在华为积极研发并拓展5G市场之前,欧盟也可以说是5G行业的领导者。当下,欧盟的瑞典、荷兰、德国、芬兰、丹麦和法国在2022年的全球创新指数(Global Innovation Index 2022)中均有着相当出色的排名,占据

---

① 柯克莱勒.欧盟外交政策[M].刘宏松,等译.2版.上海:上海人民出版社,2017:28.

前12名中的6个席位。① 欧盟用于推动行业和个体企业全环节发展的投资也常年保持较高水平。但和美国相比,欧盟既没有可以依托的充满活力的市场,也没有可以弥补这一点的技术行业发展战略,导致其在人工智能、专利、创新和"独角兽公司"等领域稍显落后。不过,欧盟有雄厚的基础和足够的资产,能在制度保障下推动新技术的创新发展。例如,2021年11月,欧盟理事会2021/2085规例确定建立"智能网络和服务联合体"(The Smart Networks and Services Joint Undertaking,缩写SNS JU),用于促进欧盟在研发6G技术方面的领先优势,以及推动5G技术实现突破并主导数字市场。② 2022年10月,第一批共35个相关创新和试验项目获得了2.5亿欧元的投资,该项计划开始落实。伴随经济回暖,数字经济和新技术行业将成为欧盟发展的重点,以协同建设更健康、更环保、更数字化的欧洲。

(二)认知

欧洲国家对第四次工业革命及新技术发展利弊相伴的强大影响力有着敏感的认知。基于数字经济的稳定发展,欧洲各国从新经济形态和业务模式中受益良多,较早认识到大数据、物联网、人工智能、社交媒体等技术和应用为整个社会带来的颠覆性革新,且天然具有全球性,不仅需要快速适应,更需要防控风险。欧盟特别注重主动与技术巨头公司开展对话,这一定程度上与几个美国巨头公司在欧洲大陆拓展信息、数据和技术权力有关。例如,从2017年开始至今,欧盟屡次对谷歌进行审查,认定其违反欧盟竞争监管规定,利用搜索引擎平台为自己谋求不正当竞争优势;还和英国一起调查脸书广告数据滥用的问题,并计划以反垄断之名起诉该公司。出于打破这

---

① World Intellectual Property Organization. Global innovation index 2022[R/OL].(2022)[2022-10-10]. https://www.wipo.int/edocs/pubdocs/en/wipo-pub-2000-2022-section1-en-gii-2022-at-a-glance-global-innovation-index-2022-15th-edition.pdf.
② European Union. Council regulation(EU) 2021/2085 of 19 November 2021[Z/OL].(2021-11-30)[2022-10-25]. https://eur-lex.europa.eu/legal-content/EN/TXT/PDF/?uri=CELEX:32021R2085&qid=1668004373640&from=en.

种垄断和落后局面等种种考虑,一些欧洲国家认为应该与科技巨头建立正式的"外交关系"以主动出击,取得建立规范的主导权。也因此,将这些全球技术巨头放在和国家"平等"对话的地位是很有必要的。这也成为技术外交的核心创新工作。

(三)行动

欧盟始终注重与创新能力强的国家和地区的合作,通过技术合作改善与关键国家和地区的关系。面对世界地缘格局的变化,特别是中国的崛起,欧盟的危机感加剧。一些学者从欧盟内部机制建设角度出发,认为欧盟具备结构上"软弱的硬实力",但被繁复而失调的决策系统束缚住了手脚,致使国际秩序模式无法与"蛮力"抗衡。[1]欧盟自身的外交传统也影响到了其技术外交政策,但在近年来也得到了一些调整,特别是在战略上开始寻求突破。

首先,欧盟积极推进全球技术治理,一方面在已有的机制框架内加强话语权,尽量实现提升技术权力与维护欧盟价值观的平衡;另一方面,欧盟通过监管单一内部市场,设法让他国的跨国企业在接受相关技术标准的同时,也推动该标准走向世界。这被阿努·布拉德福德(Anu Bradford)称为"布鲁塞尔效应"[2]。即欧盟可以在全球范围内制定监管标准,定义游戏规则,塑造全球市场运作的价值观。例如,2022 年 3 月,欧盟内部就《数字市场法》(The Digital Markets Act)达成一致。该法旨在阻止大型技术企业利用其连锁服务和海量资源围堵用户、压制新兴对手,并为新进入者创造空间,促进更多良性竞争,被认为是颁布执行《通用数据保护条例》后最全面的数字法案。这既是欧盟逐步恢复经济实力的外化表现,也是全球范围内数字主权和技术权力博弈的体现。总之,欧盟有能力也有意愿在全球技术治理的规范性

---

[1] TAYLOR P. 2020: the year diplomacy died [EB/OL]. (2020-09-24)[2022-10-25]. https://www.politico.eu/article/united-nations-donald-trump-2020-the-year-diplomacy-died-china-russia-us.

[2] BRADFORD A. The Brussels effect[J]. Northwestern University law review,2021,107(1).

构建方面作出努力,强化了其国际竞争力。

其次,欧盟强化了开放性战略自主的技术政策。技术权力的兴起促成了国际权力格局的重新分配,而欧盟一定时期内主要从经济角度看待技术的效用,忽视了技术对其伙伴关系和自身地缘政治的影响。如果欧盟想要在中美战略竞争特别是技术竞争中更游刃有余地争取利益,改变外交的思维方式是必要的。对于欧盟及其合作伙伴来说,技术之争给其造成的脆弱性分为两种类型,第一种是各国在追求5G和人工智能等新技术的巨大经济收益的同时,也开始依附于其他强大的技术保护主义甚至技术民族主义力量,形成新的依赖;第二种就是直接的外来干预,包括假信息、信息扰乱、信息战等。[1]出于提升自身独立性和维护安全的考虑,欧盟及其成员国开始更深入地关注技术的地缘政治影响和地缘政治力量要素。丹麦等欧洲国家开始制定新的技术外交战略,欧盟也整体制订了更加宏大的战略计划。2021年12月欧盟委员会宣布启动"全球门户"(Global Gateway)战略,计划在2027年之前将3 000亿欧元投入促进数字、能源、交通、卫生、环保和教育领域的基础设施建设中,意图与中国的"一带一路"倡议形成对冲。[2] 2022年2月初,欧盟还制定了"欧洲标准化战略"(the European Standardization Strategy),旨在通过自上而下的战略来保护欧盟自下而上和行业驱动的标准化传统。欧盟将优先考虑芯片及数据标准等战略领域标准化需求,提升技术标准化体系的治理能力,进一步强化欧盟在标准方面的领导力。除此之外,欧盟有选择地加入了像"美欧贸易和技术委员会"等具备战略竞争色彩的组织或对话机制,还意图和"北约"加深在无人机技术、安全空间通信和太空交通管理领域的合作。这种战略参与既有接触合作伙伴的外部因素,也有确保欧盟和其成员国之间密切合作的内部因素。这样的技术外交开放性与针

---

[1] FRANKE U, TORREBLANCA J I. Geo-tech politics: why technology shapes European power [R/OL]. (2021-07)[2022-10-26]. https://ecfr.eu/wp-content/uploads/Geo-tech-politics-Why-technology-shapes-European-power.pdf.
[2] European Commission. Global gateway [EB/OL]. [2022-10-25]. https://ec.europa.eu/info/strategy/priorities-2019-2024/stronger-europe-world/global-gateway_en.

对性相辅相成,维护国际秩序的开放稳定仍是核心,但体现了欧盟现阶段的积极调整与探索。

三、韩国:优势突出,步步为营

韩国地处东亚的朝鲜半岛,强邻环伺,历史上是大陆和海洋势力斗争的缓冲地,现在也是复杂地缘政治关系的节点,本国学者形象地称其为"鲸群中的小虾"。[①]地缘政治是其制定对外政策的根本依据,同时也与其经济发展和国际地位的提升存在相关性。"冷战"结束后,韩国更加追求地区均衡,美、日、中、俄"四强均衡"的周边外交得到强化推行,并强调韩国并不是一种被动存在,而应该更加主动并有所作为。得益于经济腾飞和对国家形象的积极宣传,20世纪90年代中后期,韩国具备了中等强国的基本实力并以该身份自居。伴随战略竞争在技术主战场的加剧,韩国半导体和5G行业的突出能力既是自身的战略筹码,也使该国在国际关系中的重要性日益增加。

(一)能力

韩国作为"亚洲四小龙"之一,自20世纪60年代以来持续保持经济发展态势。2021年7月,经联合国贸易和发展会议认定,韩国正式成为发达国家。在半个多世纪的发展历程中,韩国注重将新科技的发明与采纳作为推进力,尤其把握住了第三次工业革命的科技发展机遇,制定适合国情的科技政策,达到了今天的科技和经济水平。朝鲜战争以后,韩国接受过一段时间的外国援助,也应需求引进外资和技术,解决了一部分发展中遇到的资本和技术问题。[②] 20世纪80年代开始,韩国将提升国家自主创新能力作为首要目标,并配合这个目标制定了人才培养、产学研合作、改革科技管理体制和

[①] 姜声鹤.韩国外交政策的困境:国家安全与国家统一目标的定义[J].当代韩国,2018(1):129.
[②] 闵京基,潜伟.1960年以来韩国科学技术政策的发展历程[J].科学学研究,2003(6):605.

财政税收方案等政策,并且在实施中不断完善。①如今,韩国半导体产业已超过日欧,全球市场份额位居第二,是可以把控产业供应链的关键角色之一。②

韩国的经济发展还与大企业的成长进步密不可分,科技企业"自下而上"进行自主研发和提升,对韩国科技创新能力的培育起到了关键作用,与政府的政策支撑和资金支持相辅相成。例如,韩国 LG 公司不断致力于尖端技术研发与产品创新,制造出了韩国第一台冰箱、电视机、洗衣机、空调、摄影机等,20 世纪末 21 世纪初还率先研发数码产品,包括数码电视和滑盖式移动电话等。三星也以自主研发为绝对核心,是信息技术和移动通信业务、半导体、芯片和电池等技术领域的领跑者,还在人工智能和 5G 领域加大研发投入。韩国的金融科技也十分发达,政府出台了系列政策文件,不仅意图持续推动数字货币和银行、金融分析和智能投资顾问等金融技术业务发展,还加强对其全面监管,整体态度既积极又理性。③

(二)认知

韩国重视科学技术的立法工作,并具有预测科学技术发展的传统。韩国的科学技术信息通信部负责对未来 5 年内的全球科技发展趋势进行预测,并结合本国需求,形成科学技术基本计划,对本国技术政策作出战略规划。2018 年,韩国制定了《第四次科学技术基本计划》,对直至 2040 年的科学技术作出了畅想,认为以人工智能、大数据等技术为代表的高新技术将会广泛扩散,带动虚拟现实、健康医疗、新出行方式等方面的需求变化和增额,不仅可以提升国家经济效能,更可以解决社会问题,满足国民对新技术的期待。④

---

① 李丹.韩国科技创新体制机制的发展与启示[J].世界科技研究与发展,2018,40(4):399-413.
② Semiconductor Industry Association. 2021 state of the U.S. semiconductor industry[R/OL]. (2021-09)[2022-07-25]. https://www.semiconductors.org/wp-content/uploads/2021/09/2021-SIA-State-of-the-Industry-Report.pdf.
③ 肖翔,吕钰涛,靳亚茹.韩国金融科技监管进展及启示[J].清华金融评论,2020(11):93-94.
④ 李丹.韩国第四次科学技术基本计划浅析及对我国的启示[J].全球科技经济瞭望,2018,33(4):8-17,45.

该计划也反映出了韩国对自身技术研发方面不足的认知,认为目前新技术的颠覆性能量巨大,在研发方面也应该打破固化思维,寻求同有能力的国家和企业进行合作,取得更多创新成果。

(三)行动

考虑到自主知识产权保护等因素,韩国一直对本国企业、技术研发和产品应用与销售有着特别的政策支持和保护。从与美国及其他国家的科技巨头的关系来说,韩国可能并不算是一个易融入的目标国,外国科技巨头常被认为是本地科技企业和财阀的主要竞争者。早在21世纪初,韩国政府就对微软进行过反垄断审查,不止一次对微软开过巨额罚单,并勒令微软与竞争对手共享部分源代码。在搜索引擎、即时联络工具、社交网络社区等软件方面,韩国主要使用本国互联网公司的产品。但韩国的技术研发能力较强,其技术前瞻性和技术实力对各国政府和海外企业仍旧有很强的吸引力。

在新的技术环境和复杂的国际形势下,韩国的经贸、技术、外交的发展空间都受到了压缩。现阶段韩国的技术外交以本国利益和对外政策为核心,其活动的开展也更具有"四强"针对性。

韩国最看重和美国保持技术合作,而且合作深入两国的安全领域。2019年,韩国科学和信息通信技术部与美国国土安全部签署谅解备忘录,重申了通信与科学技术发展在提高技术标准、提高国家竞争力和促进经济发展方面的重要性。2021年5月,美韩两国领导人会晤并达成了多项共识,包括发展人工智能、下一代移动网络、数据技术、量子技术和生物技术的计划,鼓励对关键和新兴技术的联合研发;认识到5G和6G安全网络搭建的重要性,支持多样化和有弹性的供应链,包括搭建开放无线接入网络(open-RAN)的创新网络架构并在该技术的标准化问题上开展合作,等等。时任总统文在寅表示对美国的投资也使韩国受益颇丰,因此,韩国的四大商业集团——三星、现代、SK和LG——将继续在美投资250亿美元,尤其支持美国在半导体和电动汽车电池技术领域的发展。①与韩国推进 5G 和 6G 方面的合作,也被认为是美国强迫世界与中国技术"脱钩"的举措之一。通过美国的"印太战略"和韩国的"新南方政策",或经尹锡悦当选总统后的政策协调,韩美两国之间的合作可能会超出双边范畴,扩展到区域和全球事务。②

韩国与中、俄、日的技术外交关系也在持续发展中,不过相较于和美国的合作来说,还是以原则性和鼓励性为主,且较少涉及关键技术。中美贸易和技术摩擦升级之后,一些韩国企业迫于美国压力也停止华为向其供货,但中国在数字经济中保持的活力,使得韩国为了维持数字强国的地位,反而更加关注中国。2020 年 8 月,中韩经贸联委会取得了丰硕的成果,两国认为 2020 年中期发布的"韩国版新政"与"中国版新基建"的策略和目标都很契合,双方可以加强对接,培养新的合作增长点。此外,两国还共同促进中韩以及欧亚的经贸发展,共同维护区域多边关系,共同推进全球治理。③俄罗斯是韩国"新北方政策"的关键国家,韩国计划利用信息通信应用技术的优势拓展和俄罗斯的合作,构建"革新平台"。然而,西方对俄罗斯的制裁阻碍着俄罗斯在前沿技术等关键领域与外部更多和更深入的合作。就与日本的合作来说,从朴槿惠执政时期开始,韩国与日本的双边外交关系进展缓慢,但在美国的搭线下,两国的技术研发和应用合作也很多,特别是企业之间的合作有一定的成果。2021 年 7 月,韩国 LG 与日本 KDDI 宣布进行 5G 和 6G 的技术合作,共享网络技术和解决方案,意图加强双方竞争力,为下一代网络构建国际标准。

此外,韩国还广泛地在国际组织和多边机制中展现自己的积极形象和

---

① The White House. Fact sheet: United States-Republic of Korea partnership[EB/OL]. (2021-05-21)[2021-08-21]. https://www.whitehouse.gov/briefing-room/statements-releases/2021/05/21/fact-sheet-united-states-republic-of-korea-partnership/.
② STOKES J, SULLIVAN A, FITT J. Digital allies: deepening U.S. - South Korea cooperation on technology and innovation[R]. (2022-03-01)[2021-08-17]. https://www.jstor.org/stable/resrep40315.
③ 李春顶.南财快评:中韩经贸合作将开启加速发展新引擎[EB/OL].(2020-08-03)[2021-08-17]. https://new.qq.com/omn/20200803/20200803A0LT4400.html.

技术领导力。2019年5月,韩国主持了经济合作与发展组织(OECD)的部长理事会议,主题为"利用数字化转型促进可持续发展:机遇与挑战"。韩国外交部部长率领韩国代表团促成了《人工智能委员会建议书》(Recommendation of the Council on Artificial Intelligence)的通过,其中包括韩国关于高速网络建设和5G技术发展的建议,从而提升了韩国在国际社会中的地位。

四、丹麦:理念创新,顶层设计

近代以来,丹麦的外交和安全政策以中立主义为主,总体具有防御性传统,和北欧各国的价值认同保持一致。"冷战"之后,丹麦在外交方面更加主动,特别是与以美国为首的西方国家保持密切的关系。丹麦也一贯积极支持欧盟扩大。作为一个欧洲的小国,它以和大国强国保持联盟伙伴关系的方式来开展更加活跃的外交政策。[1]丹麦在现代化和开放程度上处于发达国家前列,其对社会现实问题的关注,包括推进社会公平、致力于达成气候保护目标等,以及其商业政策的开放透明,均得到了世界的认可。

(一)能力

从技术实力和能力方面来说,丹麦是欧洲最数字化的国家之一。该国经济发展稳定,数字基础设施完善,金融技术发达,政府大力支持本国新技术企业的研发和孵化,积极引入外国技术企业投资并建立分支,整体有很强的数字竞争力。在欧盟委员会发布的数字经济与社会指数中,丹麦是2016年综合指数的第一名,2020年是第三名。[2]在2020年管理发展研究所(Insti-

---

[1] 王联合.从"平民行为体"到"战略行为体"——冷战后丹麦外交与安全政策评析[J].国际论坛,2006(1):65-69,81.
[2] 相关数据可参见欧盟委员会数字经济和社会指数(Digital Economy and Society Index)官方网站:https://ec.europa.eu/digital-single-market/en/desi。

tute for Management Development,缩写 IMD)发布的全球数字竞争力排名中,丹麦在 63 个国家和地区中获得第三名,仅次于美国和新加坡,其经济发展和劳动力市场优势明显;①2022 年,丹麦一跃成为该榜单的榜首国,数字竞争实力排名全球第一。哥本哈根还是量子技术的发源地,丹麦物理学家尼尔斯·玻尔是量子力学的创始人之一,丹麦至今仍旧是量子研究领域的领军国。微软也选择哥本哈根建立量子实验室。2017 年年初,脸书决定在丹麦建立第三个海外数据中心。2018 年,谷歌看中丹麦具有高质量的数字基础设施并支持再生能源的生产和使用,决定投资 6 亿欧元在丹麦建立第一个海外数据中心,并于 2020 年建成。可以说,2018 年丹麦发起的"数字增长战略"(Digital Growth Strategy)已卓见成效,在西北欧地区,哥本哈根正成为一个新兴的技术创新中心,得到各国大小科技企业的青睐,并形成了集群效应。

(二)认知

前面提到,丹麦于 2017 年成立了技术大使办公室,并在全球范围内积极宣传技术外交的理念,支持其本国的对外政策。能够"创立"一种外交类型,也是源自该国对第四次工业革命及新技术发展利弊相伴的强大影响力的敏感认知。全球技术巨头企业不仅可以带来投资和机遇,也可能会受利益驱使而对本国造成潜在危害,甚至是可能主导世界格局变化的地缘政治力量。2020 年 8 月,由于版权纷争,谷歌删除了旗下流媒体平台 YouTube 丹麦站上丹麦艺术家的所有音乐。丹麦文化与宗教部部长乔伊·莫根森(Joy Mogensen)表示被这样主要的媒体删除,丹麦音乐会大伤元气,要求和谷歌谈话。②虽然这只是一个"小插曲"式的事件,但丹麦政府正是出于打破这种

---

① IMD.IMD world digital compaetitiveness ranking 2021[R/OL].[2025-01-30].https://u.ae/-/media/About-UAE/competitiveness/digital_2021.pdf.
② SKYDSGAARD. N. Denmark angry at Google censorship of some Danish content, seeks talks [EB/OL].(2020-08-10)[2021-12-09]. https://www.reuters.com/article/us-google-censorship-denmark-idUSKCN2561TG.

被动性的考虑,认为应该与科技巨头建立正式的"外交关系"以主动出击,取得建立规范的主导权。

(三)行动

5年来,丹麦的技术外交在该国的对外政策中愈显重要,在规划技术外交设计和制定技术外交战略的工作方面作用尤其突出。从操作角度来说,丹麦的技术外交工作由丹麦技术外交办公室的技术大使牵头,该办公室在美国硅谷、丹麦哥本哈根和中国北京设有实体办事处。哥本哈根办公室主要按照职级进行职务安排。现任技术大使常驻硅谷办公室,该办公室除了大使及其他外交官员外,还有战略顾问、网络顾问和曾经从事过计算科学的执行专员。北京办公室目前只有一位技术官员。丹麦的技术外交有两个主要任务,首先是代表丹麦当局与全球技术公司直接对话,提出国际社会关切的问题,以尝试影响技术研发的方向,并使自身做好应对新旧问题的准备。从丹麦本国利益和监管需要出发,技术大使还和相关方围绕技术政策等国际议题开展讨论,并通过建立新的联盟、多边论坛和多利益相关方伙伴关系以争取本国利益。[1]

丹麦的技术外交成果显著,可以说是该国开展和新技术相关的活动和讨论的着力点。2019年,丹麦技术大使办公室与澳大利亚的网络大使办公室共同发起"网络与技术研讨会"(Cyber and Tech Retreat),在旧金山湾区汇集了20多个国家的高层,讨论网络安全和技术发展与外交政策的交叉领域的关键问题。[2]同年,丹麦与法国签订了联合声明,提出数字议程应该成为欧盟外交政策和建设活动中更加系统而突出的优先事项,特别强调了两国在行动中加强基于欧盟"数字化单一市场"战略的合作,令其更加适用于数字商业以及最新技术应用的全流程。此外,声明中还表示两国会通过合作完善欧洲规则框架、更好地推行数字政府建设、促进在人工智能领域的投资

---

[1] 参见丹麦技术外交办公室官网:https://techamb.um.dk。
[2] Cyber and tech retreat[EB/OL]. [2021-08-16]. https://techamb.um.dk/impact/cyber-and-tech-summit.

和实践,保护并宣传多利益相关者的治理模式,也将技术和数字化方面的发展合作作为实现联合国可持续发展目标的重要渠道。①

2021年2月,丹麦制定了《2021—2023技术外交战略》(Strategy for Denmark's Tech Diplomacy 2021—2023),②成为直接制定技术外交战略的第一个国家,将技术外交纳入了更加正式的轨道。该战略将技术工业和技术公司的总部作为主要对话对象,借助技术发展前沿观点和知识为国内的研讨作贡献,并设立三个战略重点。第一个战略重点是责任,即国家应确保技术工业履行其社会责任,并在公平的竞争环境中经营运作。丹麦应在数据驱动商业模式、平台算法和数据领域的反垄断的国际讨论中拥有重要话语权,也应该成为负责任的技术发展领军国家。第二个战略重点是民主。丹麦强调民主是本国的价值观,因此丹麦拥护的全球技术治理和数字规则应当建立在民主价值观和人权原则的基础之上。为此,丹麦站在和欧盟一致的立场、支持欧盟在数字领域发挥其领导力,更紧密地寻求跨大西洋合作,不只是单纯地遵循而应塑造全球技术治理体系,确保其价值观在技术和网络空间领域也得到延伸。第三个战略重点是安全,即技术发展应该帮助保障丹麦的国家安全。丹麦希望欧盟和北约继续保持在技术发展的前沿,支持欧盟和北约强化通过技术影响安全的能力。此外,丹麦还号召社交媒体企业应更好地承担起解决虚假信息、信息误用等问题的责任,保证青少年有一个合法清净的网络环境。

该技术外交战略与丹麦以往的活动实践一脉相承,不仅体现了对技术作为社会经济发展第一驱动力的重视,也体现了其与欧盟价值观的高度一致性。此外,丹麦的技术外交也保持与全球科技巨头进行政策性和建设性的对话和合作,促进了这些科技巨头对相关事务和自身责任的反思。

---

① Joint statement between France and Denmark – a vision for European leadership in the digital 21st century[Z]. France and Denmark,2019.
② Ministry of Foreign Affairs of Denmark. Strategy for Denmark's tech diplomacy 2021-2023[EB/OL].(2021-02)[2021-08-16].https://techstrategi.um.dk/~/media/techstrategi/strategy-for-denmarks-tech-diplomacy-2021-2023.ashx.

第二节　发展中国家

一、俄罗斯：现实驱动，目标分明

俄罗斯国土横跨欧亚大陆，与 14 个国家接壤，继承了苏联的大部分遗产。苏联解体后，俄罗斯国内社会剧烈动荡，陷入了国家与民族认同危机。两极格局虽被打破，但俄罗斯并未丧失超级大国的威望。三十多年来，面对加速演变的国际格局和变换不定的国际形势，俄罗斯的外交政策经历了几次调整。基于对当下世界主要趋势和发展前景的认知，以及地缘政治环境变化的现实，目前的俄罗斯执行大国权力外交，外交风格较为强硬，追求国际权力和大国地位、重视维护独立主权和国家安全、注重推进经济外交，也在维护民族文化认同方面做出了努力。[①]俄罗斯按照自己的外交构想和政策步调维系着与世界各国各区域的关系，但不够稳定，其与以美国为代表的西方国家的矛盾，以及与独联体国家地区的历史纠葛就是最突出的表现，加之俄乌冲突的爆发和延续，俄罗斯外交政策的重点和未来走向对研究该国的技术外交具有重要现实意义。

（一）能力

继承了苏联衣钵的俄罗斯，拥有雄厚的科学与技术实力，特别是在军事技术领域有着举足轻重的地位。在 19 世纪 60 年代之后的一百年间，其科学技术进入快速发展的黄金时期，在自然科学、人类学、教育学等领域均取得了重大进展，与美国的军备竞赛也刺激了其在物理、数学和宇宙空间探索方

---

① 柳丰华.当代俄罗斯外交：理论兴替与政策承变[J].俄罗斯东欧中亚研究，2022(4)：72.

面加快脚步。然而,"冷战"时期的意识形态斗争对苏联科学技术发展造成了干扰,资金和人力向军事工业和重工业的过度倾斜导致其商用和民用技术普及不足,科技成果并未大范围惠及生活需求和社会进步,致使其面对新技术革命的机遇时有心无力。在2021年的全球数字竞争力排名中,俄罗斯在被调研的64个国家中排名第42位。[1]基辅经济学院研究院(Kyiv School of Economics Institute)调查了俄乌冲突中俄罗斯使用的58件无人机、通讯器和导弹等关键军用设备和武器,发现其中含有超过1 000种外国元件,主要是西方出口的半导体技术元件。[2]俄罗斯军事和民用经济对外国产生了一定依赖性,意识到这一问题,在过去十年中,俄罗斯通过各种新战略、方案和计划,一方面将有限的资源集中用于核技术等传统优势领域,另一方面着重发展量子计算和人工智能等与国家安全相关的特定新兴技术,以努力恢复其技术实力,重新争取主导世界事务的大国地位。

表4-1 苏联科研人员组织结构(1990年)[3]

系统分类	大学系统	科学院系统	工业和国防系统
机构层次	苏联国家高等和中等教育委员会	苏联科学院	工业部;国防部
	高等和中等教育相关的共和国联盟部委	新西伯利亚科学院西伯利亚分院;其他分院和分支机构	工业研究院;封闭式军事研究院
	高等教育机构,包括大学和学院	加盟国科学院;农业科学院、医学科学院、教育科学院、工程科学院	
人员数量	约60万名研究人员	约12.5万名研究人员	约80万名研究人员
经费支持	研发预算占比约7%	研发预算占比约6%	研发预算占比约87%

---

[1] IMD.IMD world digital compaetitiveness ranking 2021[R/OL].[2025-01-30]. https://u.ae/-/media/About-UAE/competitiveness/digital_2021.pdf.

[2] GILCHRIST K. How U.S. microchips are fueling Russia's military—despite sanctions[EB/OL]. (2023-08-07)[2023-08-30]. https://www.cnbc.com/2023/08/07/how-us-microchips-are-fueling-russias-military-despite-sanctions.html.

[3] GRAHAM L, DEZHINA I. Science in the new Russia: crisis, aid, reform[M].Bloomington: Indiana University Press, 2008: 2.

(二)认知

站在历史进程角度观察,俄罗斯从国际科学和技术合作中受益良多。"冷战"期间,即使在美苏关系陷入僵局、处于核战争边缘的情况下,苏联和美国仍能就许多问题进行较为平等的谈判与合作,包括《不扩散核武器条约》和《反弹道导弹条约》等。在计算机和网络技术研发方面,苏联也曾走在世界前列,但极为雄厚的科技实力远没有发挥出为国民经济发展服务的作用。俄罗斯总统普京在2017年发表讲话,表示人工智能是全人类的未来,谁在人工智能中掌握先机,谁就能主宰世界,体现了对当下技术发展趋势的清晰认知。结合本国军事优势,俄罗斯计划的技术强国之路体现了很强的军事和政治特色。2018年3月,俄国防部时任部长谢尔盖·绍伊古(Sergei Shoigu)呼吁民用和军用设计人员联手开发人工智能技术,以"应对俄罗斯技术和经济安全领域可能存在的威胁"[1]。然而,2022年初俄乌冲突爆发后,俄诸多中长期技术投资均受到阻碍甚至中断。战场视频、泄漏的无人机监控以及其他形式的数字通信使俄乌冲突成为历史上最易通过网络传播的军事冲突。更重要的是,战争正迫使俄方面对严峻的地缘政治现实。白宫表示,美国政府已采取积极措施限制与俄罗斯政府的双边科技研究合作;[2]美国互联网巨头与俄罗斯的关系也降至冰点——它们纷纷撤出在俄业务、限制硬件销售或采取直接的内容监管手段,再一次打破了技术中立神话,证实了技术政治和技术权力斗争向多层次、多领域和多角色方向的深入延伸。有评

---

[1] BENDETT S. In AI, Russia is hustling to catch up[EB/OL]. (2018-04-04)[2023-09-04]. https://www.defenseone.com/ideas/2018/04/russia-races-forward-ai-development/147178.

[2] The White House. Guidance on acientific and technological cooperation with the Russian Federation for U.S. government and U.S. government affiliated organizations[EB/OL].(2022-06-11)[2023-09-04].https://www.whitehouse.gov/ostp/news-updates/2022/06/11/guidance-on-scientific-and-technological-cooperation-with-the-russian-federation-for-u-s-government-and-u-s-government-affiliated-organizations.

论提及战争已使俄在新技术领域的雄心壮志荡然无存。① 如何从提升自身能力及拓展国际合作两个角度解决短期和长期的危机,对俄罗斯而言是一个非常严峻的问题。

(三)行动

2012年,普京第三次出任俄罗斯总统,重申要在全球确立俄罗斯的大国地位。达到这个目标的重要部分就是恢复俄罗斯的技术实力,在对内力推改革政策、对外践行技术外交两个层面发力。然而,近几年俄罗斯的对外政策不仅受到中美战略竞争的影响,还极大地受到了俄乌冲突的制约。其技术外交虽发展略显疲态,但现实驱动力强,目标明确,希望以此助力军事冲突的胜利和持久战略优势的获得。

就现阶段而言,首先,在对欧盟及其成员国的技术外交方面,俄罗斯基于政治、经济和技术考量,试图通过技术合作与更多的资金投入改善与其整体关系。俄罗斯与欧盟在共同利益和互惠互利的基础上有着深厚的科技合作历史,在基础设施、民用航空和健康卫生科学等方面合作成果颇丰。二者之间还设有专门的联合科技合作委员会负责协调相关工作并提供合作支持。俄乌冲突爆发后,欧盟委员会发布声明暂停对俄罗斯的实体付款,并不再与俄罗斯组织签订"地平线欧洲计划"(Horizon Europe)下的任何新合作协议。在之后的17个月里,欧盟启动了11轮对俄制裁,特别是2023年8月开始限制向"可疑的"第三国出售和转让敏感技术,致使俄罗斯从其他国家或地区获得受制裁的战略物资和技术将会难上加难,进而对其战争潜力及国内经济造成冲击。然而,俄欧关系错综复杂,彼此依赖性强,俄方也试图改善与欧盟的关系并在一定程度上恢复合作关系。

其次,俄美科技交往迅速断裂,俄被动应对美国的技术围堵。如欧洲各

---

① WHYTE C. Russia's AI setbacks will likely heighten its cyber aggression[EB/OL]. (2022-04-14)[2023-09-04]. https://www.csoonline.com/article/572537/russias-ai-setbacks-will-likely-heighten-its-cyber-aggression.html.

国一样，白宫在俄乌冲突爆发后就宣布对俄制裁，停止关键技术出口，阻止其获得先进武器。美国还利用代理人战争等方式介入乌克兰危机与俄乌冲突，特别是在网络空间领域，美参与并支持乌克兰针对俄罗斯的新型网络战和舆论战，对俄实行侦察和攻击相结合的网络行动。[①]美国互联网高科技公司的中立神话被打破：YouTube宣布在全球范围内封杀俄罗斯国家媒体，Facebook禁止俄罗斯国家媒体在全球范围内投放广告，Apple也停止在俄销售任何产品。俄也采取了反制措施，因Facebook允许乌克兰用户呼吁在战争中杀死俄罗斯士兵，俄罗斯法院将其母公司Meta称为"极端分子"，禁止了Facebook和Instagram在俄的使用。与此同时，俄也在壮大本国的互联网通信和社交网络平台（如Yandex），并使用本国技术替代产品弥补进口缺口。两国科技界和教育界的往来也受到重创，对很多科学家来说，因政治行为影响科学合作进展会使自身陷入艰难处境。在各领域均缺少稳定技术合作关系的情况下，俄本国技术研发需要尽量降低国家在军事冲突及战略竞争等多重现实下的脆弱性，但它不得不继续依赖美国和其他西方国家市场及专有技术来维持其有限的技术生态系统。

最后，俄罗斯与中国和其他金砖国家在技术创新领域的合作日益增多且越发务实。1996年，俄中战略协作伙伴关系确立，在"科技合作分委会"机制下，两国科技合作常态化开展。2019年，中俄两国发展为全面战略协作伙伴关系，并借中国"一带一路"倡议契机，在物理和工程领域开展了很多大科学研究项目。两国还在2020年启动了"中俄数字经济示范项目"，在5G网络技术和数字基础设施架设方面加强合作，在跨境电子商务、算法算力、智能识别等数字技术领域的合作都取得了进展。俄乌冲突后一年左右，中俄签订了《中华人民共和国和俄罗斯联邦关于深化新时代全面战略协作伙伴关系的联合声明》，从俄罗斯角度而言，加深与中国的合作关系，一方面是出自本国的战略选择，协调外交政策，保障区域安全；另一方面则是来自西方

---

① 武琼.乌克兰危机中网络空间对抗的影响及启示[J].俄罗斯东欧中亚研究，2023(3)：87.

对其制裁的压力。面临军事冲突带来的不利影响,俄罗斯已知自己不具备建立成熟独立技术生态系统所需的资源或市场,因而俄罗斯与非西方世界,特别是与中国、印度等新兴经济体加强联系,以保障俄本国技术生态发展的相对稳定。2022年的金砖国家峰会上,普京还特别提到了与金砖国家推进金融技术领域的合作,扩大俄罗斯央行金融信息传输系统(SPFS)和"米尔"(Mir)支付系统的使用地域,以建立"安全网"来抵御当下及长远的金融危机。①

总之,现阶段的俄罗斯缺乏在双边和多边层面实施技术外交的能力,更不用说利用技术外交实现参与和推进全球治理的目的了。然而,俄罗斯有意愿接受其他重要的技术外交倡议,因而维护其现有的国际科学与技术合作项目和国际合约极为重要,这是其将自身塑造为一个可靠合作伙伴的重要路径。

二、印度:夯实基础,把握机遇

地处"世界十字路口"的印度有四通八达的航路,且没有太多强邻,具有独立发展的得天独厚的地缘条件,是南亚地区实力最强的大国,也是世界上发展最快的新兴经济体之一。外交传统上,印度是"二战"后不结盟运动的发起者之一,不结盟的原则贯穿了该国历届政府的外交政策,为其在国际合作中增加更多选择余地,获得更多国际博弈筹码。21世纪,印度的经济、科技与军事实力进一步增强,积极谋求对外交往空间的拓展。②近年来,美国以中国为主要战略竞争对手而设计推进的"印太战略"盟伴体系逐渐成形,印度在其中扮演重要角色。这种战略"拉拢"对印度来说既有机遇又有挑战,是影响印度技术政策和技术外交的重要政治因素。

---

① 彼得罗夫斯基,徐博,萨福洛诺娃,等.俄罗斯智库专家论新形势下中俄合作[J].东北亚论坛,2023,32(5):22.
② 李渤."印太战略"与印度的安全理念[J].人民论坛·学术前沿,2019(12):91.

(一) 能力

印度的自主创新和研发能力总体而言在发展中国家中名列前茅。全球创新指数的历年排名显示，印度的创新能力从全球第 66 名（2016 年）逐年上升到了第 46 名（2021 年）。①2021 年联合国教科文组织科学报告表明，按购买力平价（PPP）计算，印度现在的研究支出超过了法国、英国和意大利。②然而，虽然印度和发展中国家相比表现抢眼，但放眼全球，其整体技术竞争力还是略显不足，主要体现在数字鸿沟问题突出。欧洲数字竞争力中心发布的《2021 年全球数字竞争力崛起者报告》提到，印度在 G20 国家中的数字竞争力只能排在末位，特别是在数字生态系统和思维方式两个维度上印度有明显退步。③在 2021 年管理发展研究所（Institute for Management Development，缩写 IMD）发布的全球数字竞争力排名中，印度排在 64 个国家中的第 46 位，但在过去的五年中，其"技术框架"子因素（包括传播技术、移动宽带订阅、无线宽带、互联网用户、互联网宽带速率和技术出口分项）一直排在后三名，没有改善。④

值得注意的是，印度及印度裔群体在新技术产业尖端人才方面的优势为其带来了特别的国际合作号召力。在科学和工程领域，印度的博士人数

---

① 历年的完整报告可见世界知识产权组织（World Intellectual Property Organization）官网：https://www.wipo.int/global_innovation_index/en。
② United Nations Educational, Scientific and Cultural Organization. 2021 UNESCO science report: the race against time for smarter development[R/OL]. (2021)[2022-07-22]. https://unesdoc.unesco.org/in/documentViewer.xhtml?v=2.1.196&id=p::usmarcdef_0000377433&file=/in/rest/annotationSVC/DownloadWatermarkedAttachment/attach_import_07223302-8f4a-4e99-9997-d370ea8d1818%3F_%3D377433eng.pdf&locale=en&multi=true&ark=/ark:/48223/pf0000377433/PDF/377433eng.pdf#%5B%7B%22num%22%3A13609%2C%22gen%22%3A0%7D%2C%7B%22name%22%3A%22XYZ%22%7D%2C-1%2C842%2C0%5D.
③ 欧盟因是一个超国家性质的国际组织而不算入国家排名。详情可见：European Center for Digital Competitiveness. Digital riser report 2021[R/OL]. (2021)[2022-08-02]. https://digital-competitiveness.eu/wp-content/uploads/Digital_Riser_Report-2021.pdf.
④ IMD. IMD world digital compaetitiveness ranking 2021[R/OL]. [2025-01-30]. https://u.ae/-/media/About-UAE/competitiveness/digital_2021.pdf.

在世界排名第三。①印度移民和散居者在西方大国的职场和创业领域也成就突出,在美印度裔的教育水平和收入水平长期稳定在亚裔第一。②自1995年起,印度人前往美国的移民潮一代被称为"信息技术一代"(IT Generation),1995年至1998年间成立的硅谷高新技术初创企业中,有9%是由印度裔美国人经营的。③美国科技巨头的负责人中有许多印度裔,桑达尔·皮查伊(Sundar Pichai)掌管谷歌,萨蒂亚·纳德拉(Satya Nadella)是微软的首席执行官。对美关系方面,自2014年以来,印度总理莫迪在硅谷的选举集会和政治游说等活动中,通过宣传"印度制造"的经济参与、经商便利政策和慈善事业等,将印度移民侨民放在了重新调整印美关系的最前沿。不仅是印度政府,美国政府也从这些印度裔美国人的经济和政治精英阶层中受益,可以说印度裔美国人社区已成为印度提升软实力的主要工具之一。

(二)认知

印度在国家独立后就启动了和其他国家在科学与技术方面的合作,这是其推行技术外交的深厚基础。对于技术先进的西方国家来说,印度至今都是其技术产业的优质产品制造产地和销售市场。如今,各大社交平台也深入印度市场,拥有极为庞大的用户群体。基于政府的政策走向,一方面,印度正在完善本国相关法律法规以规范这些技术巨头企业在本地的各类活动;另一方面,印度也将提升本国信息传播技术的普及率和弥合数字鸿沟作为紧迫任务,④加强自身技术基础,打破制造业的限制,支持印度企业"走出去",寻求更高层次的国际合作。2015年,印度电子与信息技术部和财政部

---

① India Brand Equity Foundation. Science and technology development in India[EB/OL]. (2022-06)[2022-08-22]. https://www.ibef.org/industry/science-and-technology#.
② 周博.在美华人与印度人职场成就比较研究[J].广西民族大学学报(哲学社会科学版),2021,43(6):28.
③ CHAKRAVORTY S, KAPUR D, SINGH N. The other one percentage: Indians in America[M]. Oxford: Oxford University Press, 2019: 72, 188.
④ ASRANI C. Spanning the digital divide in India: barriers to ICT adoption and usage[J]. Journal of public affairs, 2021:2598.

共同发起了"数字印度"(Digital India)计划,提出了"印度人才+信息技术→印度明天"的改革路径,其愿景是将印度转变为数字赋权的社会和知识经济体。①该计划在提出之初就得到了欧盟的积极反馈。欧盟认为该计划可以与其"数字单一市场"(Digital Single Market)联系在一起,不仅可以共同建设世界级的数字基础设施、国际技术标准,还可以搭建商务网络来合作创立新的技术公司。② 2019 年 5 月,伦敦的英国—印度技术中心开放,旨在为印度初创企业提供必要的空间和设施。同年,在印度对英投资的 20 个项目中,13 个都是软件与信息技术服务项目。③秉持更新的技术发展理念,印度意图在全球技术领域更加有所作为。

(三)行动

首先,印度改组政府机构以更好地开展技术外交工作。2020 年印度外交部成立了新型、新兴和战略技术部门(New, Emerging and Strategic Technologies,缩写 NEST)。在技术、贸易、安全和地缘政治日益相互交织作用的时代,这样的组织有效加强了政府的外交组织能力。该部门目前有三个主要任务,一是管理与中国的技术依赖关系。有研究称华为在印度拓展 5G 业务是成立 NEST 部门的潜在原因。④长期来看,印度还是会继续吸引投资,但意图利用法律工具并建立监督机制来完善与中国的技术合作。二是缓解愈演愈烈的技术保护主义趋势。西方的进出口管制和制裁是西方

---

① 原文是"Indian Talent+Information Technology→India Tomorrow",三个词组的英文缩写均为 IT。可参见网站:https://digitalindia.gov.in/content/introduction。
② European Commission. EU-India cooperation on ICT standardisation[EB/OL]. (2015-04-16) [2022-08-15]. https://digital-strategy.ec.europa.eu/en/news/eu-india-cooperation-ict-standard-isation#:~:text=At%20a%20%22Digital%20India%20Roundtable%22%20event%20in%20Brussels,ICT%20or%20emerging%20technologies%20such%20as%20machine-to-machine%20communication.
③ NOONE G. Does the UK's tech future lie in India? [EB/OL]. (2021-12-09)[2022-08-11]. https://techmonitor.ai/policy/digital-economy/does-uk-tech-future-lie-in-india.
④ RAY T, DEO A. Priorities for a technology foreign policy for India[J]. ORF issue brief, 2020 (403): 1-20.

大国建立广泛的经济、技术和安全协同机制的冰山一角,目标特别指向了崛起中的新兴国家,因此印度需要对此作出准备。三是推进全球数据治理。印度的数据治理理念还不成熟,国家内部政府部门在处理相关问题时意见不一,暂时没有办法针对全球数据治理提出建设性意见。因而印度亟待清晰梳理相关概念并搭建一个政策框架,以处理各种国际主张带来的压力,NEST 可以起到这样的作用。①

其次,印度通过国际组织和对话机制来提升本国在全球技术治理中的话语权。作为发展中大国和"金砖"五国之一,印度在联合国、国际电信联盟(ITU)和互联网名称与数字地址分配机构(The Internet Corporation for Assigned Names and Numbers,缩写 ICANN)等组织中的表现是活跃的,相关提议也受到了重视。然而,印度对待全球技术治理的态度一贯具有不明确性或矛盾性,被称为"摇摆国家"(swing state)。②在国际电信联盟、互联网治理论坛(Internet Governance Forum,缩写 IGF)或联合国大会(UN General Assembly,缩写 UNGA)等一些国际组织和国际机制的研讨当中,印度有时会表现出对多边主义治理范式的支持,体现了应通过国家政府管制网络空间和数据的意向,有时则会支持多利益攸关方参与政策的制定,仅表示将有关国家安全的政策实施工作留给政府。近年来,印度采取了一些可行的务实性做法,例如,印度在 2018 年支持了联合国大会的第 73/266 号决议,表示支持从世界安全的角度来促进网络空间的国家负责任行为,参与国际法在网络空间的适用性问题的探讨。③参与全球治理、塑造全球技术规范不仅是印度技术外交的重要举措,也是印度开始向外拓展技术权力的切实之举。

---

① RAY T, DEO A. Priorities for a technology foreign policy for India[J]. ORF issue brief, 2020(403):1-20.
② KEHL D, BULLEN G, MORGUS R, et al. Visualizing swing states in the global internet governance debate[R/OL].(2014-10-20)[2022-07-22]. https://djjpd1zrse29k.cloudfront.net/cyber-global/visualizing-swing-states-in-the-global-internet-governance-debate.
③ 联合国大会.2018 年 12 月 22 日大会决议 73/266 号. 从国际安全角度促进网络空间国家负责任行为[Z/OL].(2018-12-22)[2022-08-03]. https://www.un.org/zh/ga/73/res/all1.shtml.

最后,美国继续提升"印太战略"地位,成为印度加深与美国的双边或多边技术合作的重要契机。印度与美国的技术合作可以追溯到20多年前,两国于2001年就建立了印美网络空间论坛(之后改为印美网络对话平台),于2005年成立了印美信息通信技术工作小组。长期以来,印度通过技术协同和技术获取的方式与美国合作,帮助自身快速发展完善自主创新系统并提高技术能力,[①]但多年来合作长期维持、实质进展不温不火。当下,美国开始将目光积极投向了印度,因为印度既拥有庞大且不断拓展的技术市场,还拥有共同建设一个以规范为基础的技术秩序愿景,以便制衡其所谓的中国技术威权主义。[②]技术野心驱使下的印度也已经不再只愿做一个技术获取者,它以夯实自身战略地位为出发点,顺势实施"西进"的技术外交战略,成为美国"清洁网络计划"的成员国家之一,并且正在分别与美国和欧盟在贸易与技术委员会框架下推进新兴技术和贸易合作。目前,印美仍在数据技术领域存在技术信任赤字,在跨境数据流动、数字贸易或境外投资等问题上无法展开建设性对话,但在美日印澳"四方机制"框架下,这样的信任赤字被置于安全议题的保护伞下,与战略竞争紧密相关的通信与人工智能技术标准、5G的多样化部署、前瞻性洞察和技术供应链将成为四国合作的关键任务领域。[③]对此,印度已经有意识地全面加速在技术研发和数字基础设施搭建等方面的建设,以更好地利用与美战略伙伴关系来促进自身发展。

[①] 孙海燕,辛仁杰.印度科技外交模式、特点和启示[J].南亚研究,2019(1):91-92.
[②] RAY T. Beyond an India-EU-U.S. shared vision on emerging technologies[EB/OL]. (2021-02-17)[2022-08-02]. https://www.gmfus.org/news/beyond-india-eu-us-shared-vision-emerging-technologies.
[③] The White House. Fact sheet: Quad Leaders' Summit[EB/OL]. (2021-09-24)[2022-04-09]. https://sg.usembassy.gov/fact-sheet-quad-leaders-summit.

第三节 国际组织

国际组织也是践行技术外交的核心主体之一,是全球技术治理中多利益攸关方协作的重要平台,特别是在反恐、气候治理等特定领域起到了突出作用。

全球互联网反恐论坛(Global Internet Forum to Counter Terrorism,缩写GIFCT)于2017年6月成立,于2019年成为一个独立的国际组织。该组织的主要特色有二:一是它以打击网络恐怖主义和暴力极端主义活动为核心,将技术行业、政府、民间社会和学术界聚集在一起,是非常具有西方特色的国际组织。① 二是该组织最早由脸书、微软、推特②和YouTube四大技术平台组建,它们可以共享恐怖主义相关数据,以便在自己的平台上标记并删除相关内容。如今,该组织已有18名企业成员,包括2021年新加入的云会议平台Zoom和旅游服务平台Airbnb,正在探索为成员和各国提供更多服务的可能性。

GIFCT的四大创始成员的经济实力和品牌价值均居世界前列,技术能力和潜力巨大。2022年年初,微软市值排名全球第二,YouTube的母公司Alphabet市值排名全球第三,脸书的母公司Meta市值排名全球第六(见表4-22)。脸书、推特和YouTube的重要性还在于它们是庞大的社交网络社区。据2021年10月的数据,脸书在全球有28.95亿的活跃用户,YouTube有22.91亿活跃用户,推特也有4.36亿。③成为人们彼此交往和信息传播的基础设施。这些平台上的信息传播速度极快、传播方向发散,且具有反馈频繁

---

① 参见全球互联网反恐论坛官网:https://gifct.org/#。
② 推特于2022年10月27日被埃隆·马斯克个人收购,2023年7月更名为"X"。为方便表述,本书仍使用"推特"来指称。
③ WOOD T. The world's tech giants, ranked by brand value [EB/OL]. (2020-08-04) [2021-03-21]. https://www.visualcapitalist.com/the-worlds-tech-giants-ranked.

的社交属性,容易产生调动众多用户的舆论和媒体事件。①这些平台为人们生活提供便捷,积极效果明显,但如被利用进行恐怖主义活动,其危害也是巨大的。实际上,对于这些用户信息和海量数据的保存、保护、使用和共享,一直都是这些平台公司业务中的重点和难点,因为这不仅是技术问题,还涉及法律和道德等问题。在反恐努力中,既要考虑对恐怖主义活动的严格防控,也要在民众隐私保护和言论自由中寻求平衡。恐怖主义是整个人类社会的大敌,这些技术公司作为服务提供者,发起倡议组建 GIFCT 这样一个国际组织是其社会责任感的体现,也可以充分发挥其技术优势。

表 4-2 全球技术公司排名②

(按市值排名,统计资料更新于 2022 年 2 月 8 日)

排名	公司名称	市值(美元)	国家/地区
1	Apple	2 801 388 224 512	美国
2	Microsoft	2 256 182 968 320	美国
3	Alphabet (Google)	1 838 538 817 536	美国
4	Amazon	1 607 290 585 088	美国
5	Tesla	911 205 269 504	美国
6	Meta (Facebook)	643 017 690 000	美国
7	台积电	634 299 613 184	中国台湾
8	NVIDIA	616 221 769 728	美国
9	腾讯	585 407 135 744	中国
10	Samsung	414 488 677 635	韩国
11	阿里巴巴	314 765 246 464	中国
12	ASML	264 220 295 168	荷兰
13	Broadcom	242 617 139 200	美国
14	Adobe	242 236 588 032	美国
15	Cisco	232 685 535 232	美国
16	Oracle	215 612 112 896	美国

---

① 王远.社交网站的传播特点与经营管理模式研究[J].新闻传播,2013(10):232.
② 资料来源:Largest tech companies by market cap [EB/OL]. [2022-01-13]. https://companies-marketcap.com/tech/largest-tech-companies-by-market-cap.

续表

排名	公司名称	市值(美元)	国家/地区
17	Salesforce	213 715 451 904	美国
18	QUALCOMM	197 326 438 400	美国
19	Intel	196 188 962 816	美国
20	美团	183 286 661 120	中国

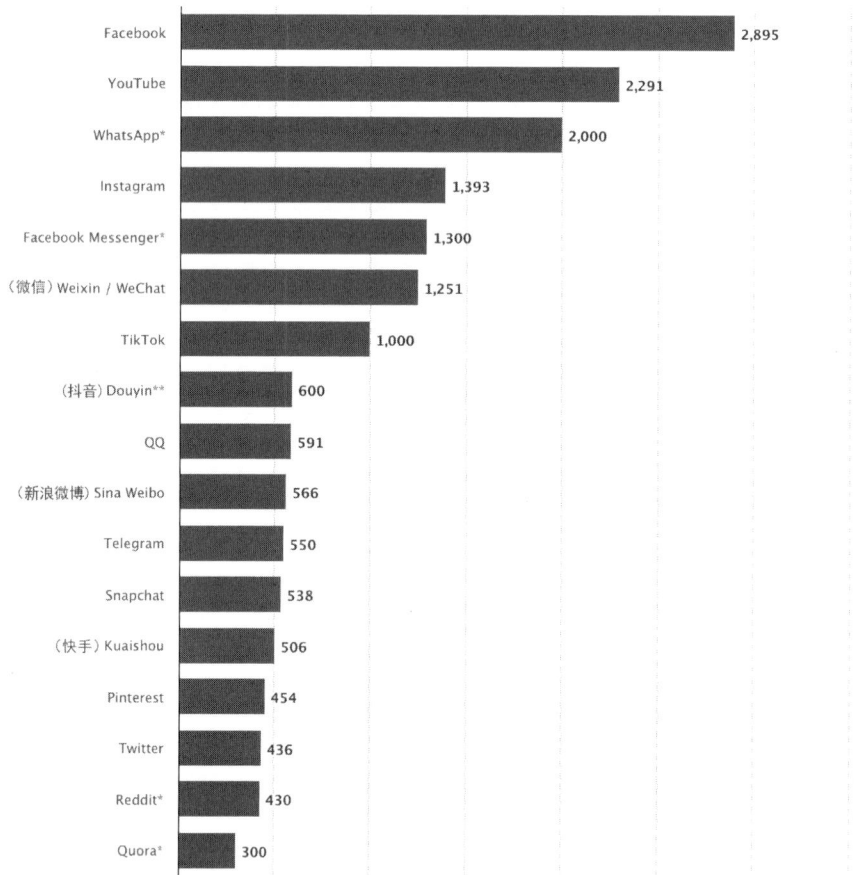

图 4-2　全球最受欢迎的社交网络平台排名①

（单位：百万。按活跃用户数排名，统计于 2021 年 10 月）

---

① 资料来源：Most popular social networks worldwide as of October 2021, ranked by number of active users [EB/OL]. [2022-01-23]. https://www.statista.com/statistics/272014/global-social-networks-ranked-by-number-of-users。

政府对社交媒体平台和其他虚拟空间中的恐怖主义保有最初的敏感和认识,国际组织则能在跨地域的层面做更多努力,二者开展技术外交是必要的。"9·11"事件以来,美国利用军事手段和在国际金融体系中的优势,既对恐怖分子造成了巨大的物理打击,也有效地阻断了恐怖分子的资金链。但在虚拟战场上,恐怖分子的身份难以逐一识别、有效信息难以充分判定,信息监管难、调查取证难,大体量的用户信息更增加了管控难度,单凭美国政府无法取得预期效果。自2013年的波士顿马拉松爆炸案以来,美国政府在脸书和推特上开展了数轮清理整顿活动。这些社交媒体平台也对恐怖言论表示出零容忍的态度。[1]美国国内的网络空间反恐需要直接刺激了这些平台联合行动、主动出击,对全球的恐怖主义和暴力极端主义言论进行管控。

首先,积极寻求与各国政府的合作,加入开展技术外交的队伍。GIFCT成立不久就参加了2017年9月的联合国大会的国家元首会议和10月的七国集团内政部长会议,并在旧金山、纽约、雅加达和布鲁塞尔召开了工作坊,宣传其反恐理念和可以提供的服务。在前期与政府的协调中,主要议题包括反恐的技术实现方式、知识分享与联合研究。[2] 2019年新西兰克赖斯特彻奇恐袭后,作为GIFCT创始国之一的微软一方面通过技术外交和新西兰政府保持合作,制定了一个新的危机事件协议,用以规范并指导在预防、提醒、汇报、反馈等方面的行动;另一方面,根据克赖斯特彻奇行动倡议(Christchurch Call),GIFCT进一步提升自身效率和透明度,并着重在制定政策方面下功夫。

其次,GIFCT在联合国的反恐反暴框架内与其他国际组织和学术界协商事务、建立合作关系。自2006年起,联合国就开始制定全球反恐战略。由

---

[1] 李峥.反恐新战场:社交媒体上的"反恐战"[EB/OL].(2016-09-12)[2021-04-17]. http://ihl.cankaoxiaoxi.com/2016/0912/1302370.shtml.

[2] Update on the global internet forum to counter terrorism[EB/OL].(2017-12-04)[2021-04-18]. https://www.blog.google/around-the-globe/google-europe/update-global-internet-forum-counter-terrorism.

联合国反恐怖主义执行署(UN Counter Terrorism Executive Directorate)和安全理事会反恐委员会(UN Security Council-Counter-Terrorism Committee)管理的"技术反恐倡议"组织(Tech against Terrorism Initiative)也于2017年成立。除接受GIFCT成员的资金和政府资金外,"技术反恐倡议"组织还与GIFCT共同建立了"知识共享平台"(Knowledge Sharing Platform),以为小企业提供相关领域的培训并支持其软硬件开发。GIFCT与坐落在英国的战略对话研究所(Institute for Strategic Dialogue)共同研发了一个跨平台反暴力极端主义工具包,[1]可以在技术公司不适合传递反恐信息的场合下帮助全球民众组织在线活动,在保证安全的基础上反击暴力极端主义的意识形态。这成为GIFCT联合学术界为国际社会反恐服务搭建的实效平台,迈出了互联网反击的主动一步。

最后,为更好地为政府和国际社会提供政策制定和技术治理方面的建议,GIFCT革新了内部管理机制,成立了一个由国家政府、国家间组织和社会团体代表组成的独立咨询委员,并由其进行日常管理。2021年8月,GIFCT成立了5个工作小组,针对"技术方法:工具、算法和人工智能""透明度:最佳实践与实施""危机响应与事件协议""积极干预和战略沟通""法律框架"5个主题发起调研和政策研究,囊括了反恐的技术治理的重要方面,使企业服务于政府和社会反恐的技术治理框架更加明晰。[2]然而,目前GIFCT参与技术治理并与政府合作也面临一些争议。权力和信息不对称是目前该平台工作的现实,一些成员要比另外一些更有洞察力、控制力和资源——这种情况不仅存在于国家之间,也存在于利益相关者之间。这要求从内部治理通向外部治理的过程中,应把治理结构的搭建放在更加重要的位置,才能通过制度和决策权威实现更公平合理的治理。[3]近年来,一些技术巨头平台

---

[1] 可参见该平台官网:https://www.campaigntoolkit.org。
[2] Global Internet Forum to Counter Terrorism. GIFCT annual report[R/OL]. (2021-12)[2021-12-15]. https://gifct.org/wp-content/uploads/2021/12/GIFCT-Annual-Report-2021-PV.pdf.
[3] BSR. Human rights assessment:global internet forum to counter terrorism[R/OL]. (2021-07)[2024-12-15]. https://gifct.org/wp-content/uploads/2021/07/BSR_GIFCT_HRIA.pdf.

又开始对极右主义言论进行整顿,将相关词条和内容纳入其散列数据库(hash database)。由于反恐涉及对一些意识形态内容的定义和分辨,这样的扩大或将会形成某种形式的价值垄断联盟,阻碍独立的政策和实践活动的实施。

第五章　技术外交的影响因素与评价

技术外交作为一种独立外交类型的发展历史并不长,却得到了各类国际行为主体的重视,并逐步进入体系性建设或战略轨道。技术外交受到在宏观、中观和微观层次上的诸多因素的影响,其中宏观层次因素主要包括世界格局变化和全球性问题,中观层次因素包括政治体制、外交决策机制和意识形态,还有诸多微观层次的因素。各个因素相互交织,对技术外交的决策和实施产生重要作用。

各主体实施技术外交的原因、内容和方式千差万别,也尚未有评价这种外交类型的固定标准和模式。从整体认识层面出发评析技术外交的理念建构与实践活动,有助于客观把握技术外交现状、"诊断"技术外交问题,以及激励和督促技术外交的调节。从完善全球技术治理角度出发,这种评价也是必要的。本章将对技术外交的经验启示及现实困境进行分析总结。

第一节　技术外交的影响因素

层次分析法是分析和解释国际关系和外交事件因素的最重要的方法之一。该方法由肯尼思·华尔兹(Kenneth Neal Waltz)首先使用,他提出了决策者个人、国家内部因素和国际系统因素这三个"意象"(image)。[1]把层次分析法作为专门的国际关系学方法论加以讨论的是戴维·辛格(David

---

[1] 华尔兹.人、国家与战争:一种理论分析[M].信强,译.上海:上海人民出版社,2012.

Singer),但辛格将注意力集中到体系和国家这两个解释层面上。[①]之后的学者不断丰富与发展该方法,使其中的层次间隔越来越小,分层体系更加系统化。本节将运用层次分析的方法,从宏观、中观和微观三个层次出发,分析影响技术外交实施并呈现出独特性的各种因素。

一、宏观层次

在国际行为主体"之上",有外部的国际环境和国际体系因素在对外交行为产生影响。在第二章,本书详细讲述了当下第四次工业革命中的数字化、网络化和智能化技术对于全球社会转型、国际格局变化和国际关系走向带来的关键性作用,直接促进了技术外交的萌生,于此不再赘述。这些变化与形势对技术外交在具体实施方面的影响也是巨大的。特别是现在新格局和新秩序尚未形成,它们的"转型"和"失序"都会牵动技术外交的走向。具体来说,影响技术外交的宏观层次包含以下两个方面。

(一)世界格局与力量对比的变化

目前,国际系统结构和进程,即国家间力量对比变化下的世界格局也正在变化。从"冷战"后的世界政治变迁来看,发展中国家不断发展壮大,世界经济重心开始向亚洲转移是一个整体趋势。其中,"极",即主要的国际战略力量一直发挥着重要作用,但"极"以外的力量——包括中小国家和非国家行为主体的力量——也在不断上升。如今,在百年未有之大变局下,"非极"力量发展势头更为强劲。[②]以中国为代表的新兴经济体实力整体提升,以美国为首的西方发达国家综合实力相对走衰,出现了"东升西降""南升北降"

---

① SINGER J D. The level-of-analysis problem in international relations[J]. World politics, 1961, 14(1): 77-92.
② 刘建飞,秦治来."非极化"的挑战:世界格局走势及其对大国关系的影响[M]. 北京:国家行政学院出版社,2013:74.

的形势,但"西强东弱"的态势依旧。①在这样的世界格局和世界重心转移的趋势中,战略竞争领域的优先级也发生了改变,更集中在了以数字化、网络化和智能化为代表的新技术领域。纵观"冷战"前的历史,世界霸权的变迁和权力重心的转移基本是通过战争的方式完成的,军事是权力制衡和战略竞争的焦点领域。②苏联解体之后,中国选择了以经济发展为中心的改革开放路线,取得了举世瞩目的成就,使这个阶段世界中心的转移进程也由经济领域开始。③随着第四次工业革命进程的快速推进和新技术被广泛应用于全球各个领域,战略竞争迅速转移到技术主战场,各国制定的技术战略层出不穷,甚至在虚拟空间的"网络战"也日渐升级。④因此,尽管经济和技术实力有一定的差距,技术外交还是基本几乎同时被西方国家和新兴经济体所推进。技术外交的理念也很快为各国所接受。

同时,非国家行为主体的力量继续增长,其中,科技巨头公司的实力和权力增长突出,再一次突破了国家行为主体包揽国际事务的局面。前面提到,包括科技巨头公司在内的高科技跨国公司在安全、生产、金融和知识四个方面的权力得到提升,是世界格局变革的因素之一。具体来说,在安全方面,它们所提供的高新技术对解决国家安全问题、提高国家军事能力具有重要作用;在生产方面,这些公司在完整的生产链条中扮演着独特的角色,是市场竞争的直接参与者,拥有把控生产结构的权力;在金融方面,"二战"后的资本国际化程度加深,将国家和公司紧紧联结在全球总资本的网络中,加大了其他主体对跨国公司的依赖;在知识方面,高科技跨国公司处在新技术创新研发前沿,对储存、创造和传播知识都具有把握能力。⑤学者黄河和周骁认为,当下的这些高技术公司不同于传统型的跨国公司,它们依赖并视数据

---

① 中国现代国际关系研究院课题组,陈向阳.世界"百年未有之大变局"全面展开[J].现代国际关系,2020(1):19-20.
② 吉尔平.世界政治中的战争与变革[M].宋新宁,杜建平,译.上海:上海人民出版社,2019.
③ 阎学通.权力中心转移与国际体系转变[J].当代亚太,2012(6):11.
④ 冯玉军,陈宇.大国竞逐新军事革命与国际安全体系的未来[J].现代国际关系,2018(12):14.
⑤ 蔡翠红.高科技跨国公司的全球影响力探究[J].人民论坛,2019(34):35-36.

为最重要的资源,掌握了超越传统政党政治运作平台的庞大网络通信平台工具,形成新的垄断优势和超越传统生产力的全球化技术统治,由此更冲击了现有的世界秩序。[①]还有一些国际组织的重要性也越发突出,特别是那些代表数字经济技术前沿和涉及技术标准制定的国际组织,它们的作用史无前例地突出。利用自己的专业性和相对的独立性、自治地位,它们能够通过对技术标准的把控和相对完善的决策机制来对国家行为主体进行限制。根据国际协会联合会(Union of International Associations,缩写 UIA)发布的《国际组织年鉴(2020—2021)》的数据,2020 年统计的政府间国际组织共有 7 825 个,非政府国际组织有 66 425 个,各类国际组织一共有 74 250 个。[②]可见,权力从主权国家的外移仍在继续。实施技术外交的国家了解这种变革趋势,也通过具体的实施活动印证了与全球技术企业直接建立外交对话并开展合作的益处,所以技术外交快速成熟发展的走向也日趋明显,全球技术治理也在快速推进中。

在此,世界格局演进中的大国政治和大国博弈应被格外关注。当前国内外学界的主流观点认为,中国的快速崛起和美国竭力维护自身霸权是当下国际格局深刻变化的根源,[③]也是百年未有之大变局的集中体现。中美的战略竞争从经贸开始、以科技为主战场,目前已经在各个领域全面铺开。两国现在成为牵动新一轮大国关系深刻调整的"牛鼻子"。[④]近年来,美国更加注重对规则的制定和运用,对华博弈开始由"同规博弈"转向"异规博弈",即在意识形态、经贸投资、科技研发、军事安全等领域展开不同规则体系下的

[①] 黄河,周骁.超越主权:跨国公司对国际政治经济秩序的影响与重塑[J].深圳大学学报(人文社会科学版),2022,39(1):114.
[②] The Union of International Associations. Year book of international organizations 2021-2022[R/OL].(2021)[2021-12-20]. https://uia.org/sites/uia.org/files/misc_pdfs/pubs/yb_2021_vol5_lookinside.pdf.
[③] 张宇燕.后疫情时代的世界格局:"三超多强"?[J].世界经济与政治,2021(1):1.
[④] 中国现代国际关系研究院课题组,陈向阳.世界"百年未有之大变局"全面展开[J].现代国际关系,2020(1):20.

竞争,从而推动构筑中美交往受限、相对独立的"平行体系"。①在中美战略竞争加剧的同时,欧洲作为一个整体也在应对各种挑战的过程中变得更加成熟和独立。单从信息与网络空间国际法的制定与推行来看,欧盟注重社会需求、关注公民权利,形成了以《通用数据保护条例》为代表的一系列国际规范。丹麦、法国和保加利亚等欧洲国家走在了创立和推动技术外交的前列,这既表明了欧洲国家对技术治理的重视程度和前瞻性,也体现了欧洲国家对自身优势趋于保护,并尝试在建立新的合作平台中抢得先机。

(二)全球性问题的突出

现在人类面临的全球性问题越来越多,成为影响技术外交实施的重要因素。王林聪认为,全球性问题是指人类社会"共同面临的超越国家和区域界限,关涉人类整体生存和发展状况,且需要共同应对的挑战和普遍性问题",分为自然界自发的、给人类生存带来重大影响的问题,还有人类社会变迁进程中出现的跨国、跨区域甚至威胁整个人类的各种矛盾、冲突和危机。②这也是目前对技术外交影响最大的两类问题。

以作为全球性问题的恐怖主义为例。恐怖主义自诞生起就带有国际化属性。随着"冷战"的结束和全球化的发展,恐怖主义的全球化属性得到了前所未有的突出。互联网和人工智能的快速发展为全球恐怖主义活动提供了多种新工具,也让恐怖主义的方式变得更为隐秘,为反对和打击恐怖主义造成了相当程度的困难。联合国毒品和犯罪问题办公室(United Nations Office on Drugs and Crime,缩写 UNODC)将社交媒体平台上可见的网络恐

---

① 中国社会科学院世界经济与政治研究所,中国社会科学院国家全球战略智库.2022年全球十大趋势展望[N/OL].光明日报,2022-01-14[2022-12-05]. https://epaper.gmw.cn/gmrb/html/2022-01/14/nw.D110000gmrb_20220114_1-12.htm.
② 王林聪.全球性问题对中东地区发展的影响[J].当代世界,2021(6):62.

怖主义活动分为六个类型，包括宣传、资助、培训、计划、执行和网络攻击。①例如，以"伊斯兰国"为代表的国际恐怖组织能够熟练开发一些应用程序，并在脸书、推特和 Youtube 等西方主流社交媒体和流媒体平台上宣传恐怖主义思想，招募成员并安排恐怖活动。②不论是追溯源头、控制渠道还是搜索目标，仅凭一国政府或单一国家的力量往往不够，积极同全球企业、国际组织合作，发挥平台企业对旗下平台管理和内容检测的作用，是极有必要的。2016 年 12 月，谷歌、脸书、推特和微软宣布了一项由行业牵头的倡议，以瓦解恐怖分子对其服务的利用。这直接促成了 2017 年 6 月"全球互联网反恐论坛"。全球反恐可以说是技术外交的重要动因和议题，为从技术外交通向全球技术治理提供了一个重要的实施范本。

二、中观层次

中观层次的分析要素主要是指在国际关系中起影响作用的一个主权国家或非国家行为主体的个体特征和内部因素。中观层次因素包括丰富的内容，对主权国家主体来说，可涉及政治制度、决策机制、官僚体系、政党制度等国家政府层面的要素，还有历史文化、利益集团、意识形态、公众舆论等国内社会层面的要素。③就非国家行为主体而言，虽然它们的能力、实力和权力变化对塑造全球经济、政治和国际体系有显著的影响力，④但非国家行为主体的类型、领域、职能等过于细碎，像跨国公司等多数非政府国际组织也不具备国际法主体资格，因而难以将单一的非国家行为主体的个体内部因素

---

① United Nations Office on Drugs and Crime. The use of the internet for terrorist purposes[R/OL].（2012-09）[2021-04-13]. https://www.unodc.org/documents/frontpage/Use_of_Internet_for_Terrorist_Purposes.pdf.
② 谢磊.人工智能时代的恐怖主义:挑战与应对[J].和平与发展,2021(2):115.
③ 尚劝余.国际关系层次分析法:起源、流变、内涵和应用[J].国际论坛,2011,13(4):52.
④ HIGGOT R A, UNDERHILL G R D, BIELER A. Introduction: globalization and non-state actors[G]//HIGGOT R A, UNDERHILL G R D, BIELER A. Non-state actors and authority in the global system. London: Routledge, 2000.

作为技术外交的影响因素。本部分还是主要从主权国家的角度出发,具体分析政治制度、外交决策机制、意识形态这三个重要因素对技术外交的影响。

(一)政治制度

政治制度是一个宏大的讨论话题,它是关于国家政权组织形式及其运作以及有关国家政治过程的一系列规则和安排,[①]既包括国家权力归谁所有,也关乎国家权力如何行使;既与国体相适应,也是一国政治决策的基础。概括来说,近现代西方政治制度是民主与代议制的结合,它离不开资本主义的经济基础,也离不开西方历史传统和基督教文化。[②]随着资产阶级革命以及资本主义在全球主导地位的确立,西方民主逐渐成为现当代世界的一种具有普遍意义的衡量社会发展的价值标准,[③]在技术外交的实施中,特别是在制定具体战略中可以见到西方民主制度在其中的意蕴。例如,技术外交中关于数据的自由流动和使用、对个人隐私的侵犯与保护的议题,实际上都源自西方对基本公民权利的关注,牵动着它们最敏感的神经。而民主制度的运作建立在一系列的法治原则基础上,因此完善治理也需要法治意识的超前性和严谨性,以及法律规范性、稳定性和持久性的支撑。这些问题也并非只在单一的政治体制中存在,汇集全球智慧和多元政治文明来参与技术治理问题的讨论是有益的。

然而,在国际政治和学术界也存在关于政治制度"民主—非民主"的二分法,且并不罕见,这种二分法对世界格局和一国的对外政策制定都有影响。[④]特别是在西方主导的世界政治经济体系下,西方国家对民主制度保有

[①] 唐晓,王为,王春英.当代西方国家政治制度[M].北京:世界知识出版社,2005:3.
[②] 钟爱军,张天.试论西方政治制度模式的局限性——兼论为什么中国"绝不能照搬西方政治制度模式"[J].科学社会主义,2015(5):148-149.
[③] 唐晓,王为,王春英.当代西方国家政治制度[M].北京:世界知识出版社,2005:9.
[④] 科利尔,艾德科克,李辉.民主与二分法:一个概念选择的实用主义路径[J].比较政治学前沿,2014(1):111.

解读的话语权,对其他类型的政体和国体既构成了强大的诱惑也形成了外部压力。结合当下世界格局和国际体系的变动来看,中国通过新民主主义革命赢得民族独立,又通过改革开放和发展经济实现了和平崛起,在实践中逐步形成了以人民民主为价值指向的中国特色社会主义民主制度体系,让世界看到了另一种政治制度的独立性、可行性和长期发展的活力,也符合现代民主制度的复合性视角,[①]为中国和其他国家开放合作提供了广阔空间。但各国国内的偏好结构对寻求国际合作仍具有惯性影响。当下,随着"西方阵营"的概念逐渐失灵,美国意图重新塑造民主国家领导者的身份,举行"民主国家峰会"、拉拢"民主国家联盟","代表"其他国家发言,构建遏制中国的认知和话语框架。从技术外交推进全球技术治理的方面来讲,一些国家实施技术外交本身就依赖西方的政治经济和技术优势,也倾向于在民主制度的框架内寻求认同,以在现阶段的全球技术治理体系中搭上便车。但在不同环境中,同一制度发挥的影响并不相同。在技术外交逐步铺开的阶段,政治制度仍可帮助一些国家搭建合作桥梁,但它显然不是推动技术外交发挥实效的决定性因素。

(二)外交决策机制

一国的外交决策机制由国家的政治制度决定,是政治行政运行的结果,"是国家机构在国家利益的基础上就国际关系进行的做什么或不做什么的政策选择"[②]。总体而言,关于外交决策机制的分析一般包括外交决策环境、外交决策机构和外交决策观念,其中,外交决策环境主要是指对国际和国内形势进行考量,趋于宏观层次因素;外交决策机构包含政治和行政组织机构和官僚体系;外交决策观念中既包含意识形态因素,也包括利益确认、价值

---

① 姚剑文.中国政治体制改革与西方政治制度模式的冲突和融汇——基于现代民主制度复合性视角的思考[J].江海学刊,2018(1):135.
② 齐建华.影响中国外交决策的五大因素[M].北京:中央编译出版社,2010:165.

和文化观念等。①

笔者在此讨论的外交决策机制因素主要包含在组织机构设置和功能、政策过程、调控手段等管理机能层次,各个环节基本以"对内"为主,即以本国需要为核心。结合技术外交的实施活动情况分析,在组织机构层面,技术外交的实施要求一定的组织机构上的创新,不仅需要在外交、科学技术和商业贸易等多领域找到恰当的交叉结合部分,成立新的组织机构部门,还需要吸收企业式的组织管理框架以更高效地运作。例如,随着数字化的发展,外交机构的科层制度化中心地位和"俱乐部式"的信息共享模式被消解,组织结构和交流方式迎来了网络化和扁平化的转变。②在政策过程层面,各个政府部门既遵循既定的政策过程,试图推进自己的组织机构使命,也会因追求各自目标而产生竞争,对政策制定的内容"讨价还价",因而决策结果可能并不完全合乎理性,而是经利益协调达到各方满意的结果。③技术大使在外交活动中,也会把无法当场做出决定的议题带回母国的各个部门进行研讨以形成政策,这些政策需要符合相关法律法规并经过合法化审议,才会构成真正可被执行的权威性决策。④外交调控手段层面包括利益调控、政策调控和舆论调控等。由于一个国家的核心利益长期稳定不变,国家政策方针和外交决策一般具有稳定性,但在应对一些外交事件和具体事务时需要进行外交调控以进行风险控制、保护核心利益。例如,在涉及互联网平台的信息和数据使用的技术外交议题中,企业利益、用户利益、消费者利益,以及母国利益与东道国利益往往相互交织,因而要在把握不同主体的社会责任和角色身份、判定它们核心和关键利益方面做足功课,及时分析和反馈临时性和突发性的问题。

---

① 宋志艳.关于西方外交决策理论与模式的思考[J].大连大学学报,2016,37(1):75.
② 任远喆,波乔拉,周幻.数字化与当代外交的转型——基于组织文化理论的视角[J].外交评论(外交学院学报),2019,36(1):10.
③ 宋志艳.中国外交决策机制研究[D].北京:中共中央党校,2017:75.
④ 张小伟,夏青.中国科技外交的过程分析——以与哥斯达黎加关系为例[J].全球科技经济瞭望,2019,34(2):51.

此外，在外交决策机制的运作中，情报是很重要的因素，能够支持应急、军事和战略等领域的预警、决策制定和执行机制的运转。目前，情报的获得越发依赖互联网信息、云计算和大数据技术。虽然对情报的获取、收集和利用的方式变得容易，但对信息使用的合法性判定以及对海量信息的筛选则成为新的难题，更难找到统一的标准。因此，完善技术和数据治理对国内和国际的双重意义不断凸显，成为技术外交待协调的重要议题。

(三)意识形态

意识形态是指某个社会群体所共享的价值观体系，包括特定的政治理念、思想学说、系统认知和价值趋向等，对于决策者的政策选择有重要影响。[1]有的学者认为国家的一些历史的政策和战略经验事实也是意识形态和价值观的源泉之一，用稳定性来引导思维的形成和发展。[2]刘建飞论述了意识形态在国际政治中的独立作用，提出了"意缘政治"的概念，认为意识形态在某些时候还会成为影响国家战略的决定性因素，会影响决策者对地缘政治(即源于地理位置、领土、人口和自然资源等因素的政治)和币缘政治(即源于货币、金融、贸易、投资和技术等因素的政治)利益的判定。[3]"冷战"结束之后，意缘政治进入了常态化阶段，在这个阶段，西方基于其在国际政治经济中的优势地位不断在全球推广其自由主义意识形态，[4]并将意识形态作为工具来进一步实现国家的安全和经济利益。

在西方哲学中，也有把科学技术纳入意识形态范畴的讨论。例如，马克思认为，科学是另一种生产力，也属于社会存在，所以必然会对人们的意识产生一定作用。[5]马尔库塞认为，科学技术是实现统治的一种形式，它通过潜

---

[1] 齐建华.影响中国外交决策的五大因素[M].北京:中央编译出版社,2010:95.
[2] 吴昊.美国战略思维中的"使命观"[J].国际政治研究,1998(2):84.
[3] 刘建飞.意缘政治的现实及发展趋势[J].太平洋学报,2021,29(7):13.
[4] 刘建飞.意缘政治的现实及发展趋势[J].太平洋学报,2021,29(7):16.
[5] 闫欣,刘友田."科学技术即意识形态"——哈贝马斯科学技术意识形态理论探微[J].学理论,2021(3):46-48.

移默化地改变生活方式和社会秩序来使统治合法化,因而也成为意识形态的形式。①德国哲学家哈贝马斯提出了"科学技术即意识形态"的命题,认为技术理性在西方现代化进程中起主导作用,科学技术发展也使得政治机构的日常活动日益专注于技术问题,起着使行政活动和舆论非政治化的意识形态作用。②近几年,美国对华"科技战"转向重点技术领域的"精准脱钩",并一步步建立排他性的"技术联盟",结合意缘政治的进程来看,当下国际政治现实中的技术竞争已经和意识形态紧紧绑定,并给各国的核心利益带来重大影响。但是,通过技术封锁和围堵筑起技术"铁墙"与非此即彼的阵营之战不尽相同,目前在意识形态领域,美国对华主要集中在渲染"中国威胁论"、抹黑中国体制,营造舆论氛围,为争取盟友和中立国家构建合法性的依据。③意识形态竞争是"冷战"的产物。"冷战"时期,美苏两国不仅倾向维护与本国政治体制相同的外国政权,还以意识形态因素划分阵营并要求多数国家"选边站",涉及范围广、危险性高,往往造成零和博弈的局面。技术外交是各国对外政策的一种反馈渠道,也是人与人交往的活动,必定会受到意识形态影响。然而技术外交意图协调一些处在竞争前沿的相关议题,需要防范和回避意识形态之争,否则可能无法起到应有的效用。

三、微观层次

微观层次因素主要是指国家最高领导人、重要决策者和关键实践者在国际事件或国际行为中所起的作用。微观层次因素是个性化的因素,既涉及决策者的职务角色以及任该职务时期的行政表现,还涉及个人的成长和从业经历、性格、信仰和决策风格等,它们作用于决策者对现实世界的认知。

---

① 崔永杰."科学技术即意识形态"——从霍克海默到马尔库塞再到哈贝马斯[J].山东师范大学学报(人文社会科学版),2007(6):68.
② 于新.哈贝马斯"科学技术即是意识形态"评析[J].长白学刊,2001(1):63.
③ 于海洋,马跃.新铁幕抑或新冷战:美中关系现状及中国应对之道[J].社会科学,2020(4):20.

国家最高领导人、重要决策者和关键实践者经过一定的心理过程做出决策，从而影响本国的对外政策，进而导致一些国际关系变动情况的出现。①

一般来说，决策者能够在外交决策中发挥重要作用的基础还是决策系统搭建的官僚权力结构。不过，国家领导人和关键决策者往往是决策系统和官僚体制中可以发挥能动性的核心人物，是导致外交行为发生变化的重要变量。拿美国来说，它作为当前唯一的超级大国，其总统也是世界上最具权力的个人之一，需要做的决定可能关乎国际社会的走向。

伴随着数字化、网络化和智能化技术在全球的普及应用，特别是得益于社交媒体平台的便捷性，许多国家的领导人乐于分享见解和生活日常，使他们在公众中的形象不再神秘、高大，而是更加丰满、亲民。对善于利用这些技术工具的领导人和政客来说，社交媒体对营造舆论甚至改善人们对该国的技术友善的形象都是有功效的，对技术外交关系的维护不无裨益。

在技术外交的创立和实施中，个人因素的影响是显著的，其中特别要重视的是一些科技巨头企业的首席执行官的活动。在人们较为熟悉的美国科技巨头企业的高管中，微软总裁兼首席法务官布拉德·史密斯（Brad Smith）在技术外交从创立到走向成熟的阶段都发挥了重要作用。他在任期间，微软发起了一些技术类的公益活动（如"数字和平在行动"），加入了一些重要的多利益攸关者的倡议（如"巴黎倡议"），也在自己的专业范畴内帮助组建了个别国际组织（如"全球互联网反恐论坛"）。他不仅亲自和一些国家的政要就技术治理问题进行恳谈，也在微软内部进行了组织架构的调整，专门设立相关的岗位以与政府部门接洽技术治理事宜，是具有创造力和前瞻性的企业领导者。不论是出于经济目的还是社会责任，大大小小的科技企业越发认识到业务与政务的重要关联，已经在技术外交创立和短暂发展的历史中留下了富有意义的一笔。

---

① 杰维斯.国际政治中的知觉与错误知觉[M].秦亚青，译.上海：上海人民出版社，2015.

第二节　技术外交的经验启示

通过对技术外交具有共性的实施方式,以及若干发达国家、发展中国家和国际组织的技术外交实施案例进行分析,结合技术外交的特点和作用,可以总结出一些在技术外交实施过程中的经验启示。

第一,技术外交须具备实力基础。技术外交中,多利益攸关方能够推动议题讨论的基础仍旧是实力。对于国家主体而言,强大的技术实力、完善的技术制度、先进的技术产业链条,能够成为在技术外交中进行协商、推进合作且达成目标的资本。实力要素对企业而言的意义也是相同的:实力越强的技术企业具有越多的技术、资源、金融和平台优势,具备更强的洞察力和控制力,不仅自身能够掌握更多权力,也成为开展技术外交的直接而主要的对象。然而,由于技术问题渗入社会生活的方方面面,在未有广泛认可的解决和治理方式,或仍存在争议的领域,一些更具实力者的行为会更容易受到全球社会多个主体层面的挑战。因此就国家主体而言,向对方和对方公众营造技术友好的形象、提升利用技术向善的软实力,是几乎每个国家都在做的功课,有时甚至超过了"炫耀"强大的技术硬实力和技术"武力"的作用。美国在其"技术多边主义"范式内也在大力宣扬与自己合作应对共性问题和共同"威胁"的好处。此外,这也体现了在技术外交当中,尤其是在涉及多主体和跨疆界的技术生态问题中极难把握的限度和责任归属问题。例如,在平台信息使用与传播管理方面,技术企业到底是信息管理者还是服务提供商,如何满足不同主体对信息管理的要求,政府规制主体如何把握规制技术的标准,如何把握算法本身和规制技术使用行为之间的平衡,等等,对这些问题的分类、定性和治理将会影响整个技术创新和社会生活各个层面。在通过技术外交协调这些治理问题的初步阶段,首先寻求的还是具备实力的主体的专业意见,厘清一些技术共性问题的线索,才能更快地进入角色并掌握方向。

第二，技术外交须关注核心利益。由于技术外交的行为主体多样，涉及议题范围广泛且利益重合、叠加，在技术外交活动中要保持对核心利益和关键目标的持续关注。技术外交和其他外交类型、对外政策反映出的相似现象是，发达国家倾向于维持自己在既有世界经济体系中的传统优势，获得优先制定全球治理制度的权力；发展中国家大多首先以发展经济和提升自己的技术实力为核心，往往从提升对第四次工业革命和新技术的认知及国民技术素养等方面开始切入。而小国，如丹麦和韩国，需要新的方法来引起拥有更大权力的国家的注意，因此在技术外交领域会更加活跃。但技术外交经常要协调解决的是政治导向很强的技术治理问题，特别是当这些问题包含跨境、跨界平台和数据流动的内容，不同主体对于所协调问题的认识、秉持的理念和主张不同，个体、企业与国家间的权益失衡，加之不同主体间不对称和不平等的权力结构进一步凸显，从核心利益出发的目标有时难以把握。例如，小国和一些较小的国际行为主体可能会受到大国和大企业的裹挟，外部施加的压力要求其尽快取得进展，便会减少必要的步骤，但却需要在其他层面投入足够的时间和精力来弥补不足或建立信任关系。在技术外交活动中，它们会面对更多被动的战略选择和活动选项，更需要从自身利益出发来判断参加技术外交活动是否有利。

第三，技术外交应注重不同主体各尽所长。总体而言，目前的全球技术治理体系碎片化，因而各类行为主体通过技术外交可以找到更多的参与制度建设的空间，特别是非国家行为主体的活动一定程度上弥补了全球技术治理体系中国家行为主体因政治博弈而造成的治理赤字。目前，在技术外交中，全球科技巨头企业的贡献令人瞩目，重要的国际组织的技术外交特色突出，一些创新的国际机制在反恐、气候治理等领域充分发挥了技术向善的优势。在自上而下达成共识和合作的成功率降低的情况下，技术外交成为国家间传统外交的重要补充。当然，这些利益攸关方在技术基础设施搭建、社会舆论监督、缓解政府治理压力等方面发挥了全球作用，但国家是具有社会治理合法性和物质、财富领导力的主体,现阶段的技术外交应该还是以国家政府为主导的外交。无论是何类国际行为主体,在面对新形势和新问题的情况下,均需要改善外交能力并赢得其他国际行为主体的信任。融入正在改变进程中的国际体系并在其中发挥作用,既应是每个主体的目标,更应是责任,一些主体更希望能够成为改善全球技术治理体系并塑造国际环境的力量,因而需要发挥各自所长,为解决共同问题、满足共同利益作出贡献。

第四,技术外交体现新的博弈。随着技术外交发展的不断深入,一些潜在的博弈已逐步浮现,或比传统政府间外交更加复杂多变。在国家外交层面,主体的意识形态、价值观和技术思维相互交融,对技术外交的决策产生综合影响。特别是"冷战"思维在当下的时代还未完全消散,对于主要大国而言,技术在提升实力和创造财富当中的作用越突出,大国博弈越在新技术和弥漫的网络空间中进行,牵一发而动全身的影响就越大。一些技术外交战略中已经明确提到,在发展外交关系和推进对外政策中,优先和具有相同政治制度与价值观的国家合作。在国家与企业主体间,国家与企业除经济和商业利益外,也会围绕治理权益而博弈。例如,现在有一些全球科技企业的资金、运营、硬件生产和业务内容等频频受到各国的审查,表面上是操作性的规范管理,实际则体现了国家与这些企业的利益博弈,甚至体现出企业背后的国家间的政治冲突。2019 年,丹麦外交大臣耶珀·科弗德(Jeppe Kofod)表示,"我们需要确保民主政府为技术行业设定界限——而不是反其道而行之"①。他认为,这才是丹麦发起技术外交的意义所在,有将企业外交对象纳入治理范围的意图,这和初创时期克吕恩在宣传技术外交时积极主动地与科技巨头企业建立关系的话语又有所不同。韩国对微软的裁决也体现了此种博弈。此外,不同的主体主推的技术外交范式也不尽相同,有的国家推动有限制的"技术多边主义",有的在真正的多边主义框架下推进技

---

① FALASCHETTI G. Techplomacy: nuova frontiera d'azione esterna? [EB/OL].(2021-04-09)[2021-12-22]. http://www.labeuropa.eu/2021/04/09/techplomacy-nuova-frontiera-dazione-esterna.

合作,而企业和国际组织等主体则需要通过参与多利益攸关方认可的治理范式,才能更好地提升自己的作用。在许多技术外交活动中都渗透着这些范式之争,给全球技术治理增加了更多的不确定性。

第三节　技术外交的现实困境

技术外交实践或具有技术外交性质的活动不断深入开展,为加强全球技术治理提供了诸多案例和经验,进而加快从行为方式到原则理论层面的提升。然而,在全球治理赤字日趋严重、单边主义势力抬头的背景下,技术外交之路并非通畅无阻,一些困难将会长期存在。

一、各国在严峻的大国竞争背景下缺乏合作精神

由于大国竞争趋于严峻,各国在应对涉及网络空间和关键技术领域的政治和社会问题时各行其道,无法达成更有突破性和建设性的合作。目前,各个国家,特别是大国在全球化议题中依然是首要行为主体,在推动数字技术发展和经济价值创造方面发挥着关键作用。然而,地缘政治、意识形态威胁、传统国际经济和安全格局中的实力对比等,也都渗透在技术外交活动和战略中,影响到全球技术治理体系的平衡与完善。从已开展的技术外交实践中可以看出,小规模、灵活型和新兴的经济体的活跃反而促成了一些技术外交成果和亮点,其意图通过技术外交吸收已有经验和模式,为本国经济社会发展创造有利条件,成为推进多边和多利益攸关方技术治理的前锋力量。欧洲国家创立且宣传了一个需要多元行为主体参与对话、重视多利益攸关方独特贡献的技术外交理念,但当这一理念落实为各国的具体战略时,便显露出了地缘政治和意识形态对抗的烙印,体现了维持或提升本国或本区域技术政治优势的排他企图。此外,欧洲国家也因公共安全和公民权利等社

会驱动因素,对网络安全、数据跨境流动、隐私保护等方面的合作更为关注。①

美国在技术外交领域并不活跃,某种程度上是由于其坚持所谓技术中立和科技信息市场竞争与运作自由,②不希望有更多外方的监管和规则阻碍其科技巨头的全球业务扩张。但这并不意味着美国政府放弃通过其所谓的"技术多边主义"和多利益攸关方对话来推进技术竞争,更不意味着可以抛弃霸权思维公平地参与全球技术治理规则的制定。近几年,美国将崛起中的中国作为主要战略竞争对手,在数字领域制定了遏制中国的"跨大西洋"和"印太"两条路线,③并注重通过建立"技术联盟"来实现其全球技术霸权。④美国为"联盟"的准入构建了排他的甚至是专门排华的资格标准,以"自由民主"的西方价值观和意识形态绑定成员,对抗被它们大肆渲染的"数字威权主义",激进地加强对中国的技术封锁。除此之外,澳大利亚的网络与关键技术战略也体现了该国配合美国"印太战略"的性质。各国各区域利益和地缘政治盘根错节,且先入为主,探索共同利益优先的技术合作道路绝非易事。

二、跨国技术企业参与治理的合法性受到质疑

跨国技术企业参与全球技术治理的合法性仍然受到质疑。企业主要作为一种经济行为主体,在获得或承担制定社会规范和行业规则等政治职能时,未能像各国政府一样,在内容制定、决策流程和实施推行等方面接受公民的有效监督。在涉及全球技术治理的具体问题时,这些技术企业的管理者既要维护股东利益,又要考虑国际社会和用户利益,在权衡利润和社会责

---

① 毛维准,刘一桑.数据民族主义:驱动逻辑与政策影响[J].国际展望,2020,12(3):28.
② 李峥.美国推动中美科技"脱钩"的深层动因及长期趋势[J].现代国际关系,2020(1):34.
③ 徐培喜.2020数字冷战元年:网络空间全球治理的两种路线之争[J].信息安全与通信保密,2021(3):20.
④ 唐新华.西方"技术联盟":构建新科技霸权的战略路径[J].现代国际关系,2021(1):38-46,64.

任时，其目的和行为方式或有失公允。英国驻旧金山总领事兼驻美国技术特使乔·怀特(Joe White)曾评论技术外交中跨国技术企业作为外交对象的作用，她认为，公民选举他们的政府来代表他们，但技术公司代表其股东，这些公司在社会中既获得利益也保障社会运作，因为它们的问题可能也是所有公民的问题，但只有选举产生的政府才拥有合法性和权威性。因此新机制的建立不太可能有大范围的创新。①

此外，企业利益和其母国的国家利益可能也存在一定冲突。脸书的创始人扎克伯格曾在美国的反垄断听证会上表示，中国的社交媒体应用，包括抖音美国版——TikTok，正在危害青少年隐私安全，甚至窃取美国技术。然而，彼时脸书正处于接受美国政府对其泄露用户数据的质询期，在缺乏证据的情况下对TikTok点名攻击的做法，很难让人信服脸书是站在了广大用户、国际社会甚至"爱国"的立场，称其为企业自保和企业竞争行为可能更加贴切。技术企业在全球治理中发挥的作用逐步增强，更要为自己的言行负责，且更需要有效的监督和制约。

三、各利益相关者之间的"共同语言"难以形成

不同发展阶段和不同类型行为主体之间的"共同语言"难以形成，通过多边主义达成深入合作面临着巨大的沟通和话语压力。从长远来看，应以建立全球范围内可执行的、有力的国际法框架和规则体系为目标。然而，对话中的尺度、角色身份和价值观等呈碎片化交织，协调难度很大。例如，标准和尺度差异影响国际立法的约束力和接受程度。以美国为首的西方国家倾向于对原有国际法作适当修改，继续作用于当前国际秩序。例如，北约推动编写了两部《塔林手册》(Tallinn Manual)，秉持将成熟的实然法延续适

---

① Atlantic Council. Behind the scenes of the newest hot job in diplomacy: tech ambassador[EB/OL].(2021-12-06)[2021-12-25]. https://www.atlanticcouncil.org/news/transcripts/behind-the-scenes-of-the-newest-hot-job-in-diplomacy-tech-ambassador.

用于网络空间的思路,①但一方面,不论是从编辑流程还是从文献援引角度来看,手册主要反映的是北约成员国对国际法适配网络空间的理解;②另一方面,在更迭的技术中,"旧"法中的假设能否真实反馈各国在网络空间的争端,并采用合理有效的措施应对实际问题,或会存疑——有制定规范的需求不等于规范就有约束力。加之美国不断推进"技术联盟"的落地,扩大了"俱乐部"内技术先进国家和其他技术落后国家之间的"技术鸿沟",造成国际力量对比的进一步失衡,给还未形成的全球技术治理体系带来冲击。

此外,由于多类型主体参与,技术外交中各主体的角色性质本就具有复杂性,在讨论不同议题时代表的利益、立场和规范倾向也会变化甚至摇摆。一些制定技术标准的专业机构(如 ICANN),③以及一些全球性基金会和非政府组织,④曾经或当前也被一些强国和大国的战略意图渗透,无法如自称的那样公平。前文提到的巴黎倡议和克赖斯特彻奇行动倡议也缺乏行动的强制性。仍处于初级阶段的技术外交实践和成果的象征意义远大于实际功能。

---

① 刘杨钺,张旭.网络空间命运共同体:本体特征与建构路径[J].理论界,2020(5):102.
② 朱莉欣,武兰.网络空间安全视野下的《塔林手册 2.0》评价[J].信息安全与通信保密,2017(7):67-68.
③ 沈逸.ICANN 治理架构变革进程中的方向之争:国际化还是私有化?[J].汕头大学学报(人文社会科学版),2016,32(6):61-68.
④ 阚道远.美国"网络自由"战略评析[J].现代国际关系,2011(8):18-23.

第六章 人类命运共同体视域下技术外交的发展前景

人类命运共同体是百年未有之大变局下中国领导人基于时代课题和世界情怀提出的具有战略高度的理念构想。当下,国际社会的现实政治前所未有地纷繁复杂,而人类历史上早已有诸多可借鉴的经验和可吸取的教训,经过总结和提炼,可以指导解决叠加的全球性问题,并帮助回答"我们的世界怎么了"的问题。这便是人类命运共同体提出的深刻意义。

本章从人类命运共同体的视域出发,探索围绕技术发展和技术治理的核心议题构建"共同体"路线的必要性。同时,本章聚焦于以人类命运共同体为引领来解决技术外交难题,推动技术外交更好地发挥效能,帮助形成多边和多利益攸关方有机融合的范式,使其能够实质性地为建设更加公平合理的全球技术治理体系铺路。技术外交是时代的必然产物,中国的技术外交路径能够从人类发展和技术发展规律出发,思考当下的共同挑战,是技术外交未来发展可以参照和借鉴的样本。关于中国技术外交面临的机遇、挑战、目标、实施方式和政策建议也是本章的重点之一,笔者将对人类命运共同体理念下技术外交实现的中国路径及其优势进行具体分析。

第一节 人类命运共同体的理念阐释与世界意义

党的十八大以来,习近平同志站在人类历史发展进程的高度,特别是在正确把握百年未有之大变局的国内国际形势下,深入思考"建设一个什么样的世界、如何建设这个世界"等课题,提出了构建人类命运共同体的重要论述。党的十九大报告指出,构建人类命运共同体就是要建设一个"持久和平、普遍安全、共同繁荣、开放包容、清洁美丽的世界",①进一步勾画了人类命运共同体的蓝图。2018年2月,构建人类命运共同体理念在联合国社会发展委员会会议上首次被写入联合国决议,中国理念和中国方案正在成为国际共识。从中国国内来看,构建人类命运共同体可以督促中国以大国的责任与担当投入和平与发展的世界潮流,推动本国的改革开放深入和经济社会发展,并回应国际社会的关切与期待,是中国外交总领性的内容,是新时代中国外交的总目标。②面对当下复杂的世界形势,秉持构建人类命运共同体的理念可以筑牢并发展现存的人类共同体,进一步引导不同国际行为主体凝聚共识,共同寻找破解全球事务中各种矛盾与难题的思路,正本清源、化危为机,具有重要的世界意义。

  人类命运共同体已有相当丰富的理念内涵。从整体性系统思维的角度分析,构建人类命运共同体如今已经发展成为经济、政治、文化、社会和生态文明"五位一体"的系统体系,包含但并非只强调以生产力发展促经济社会进步的历史路径,而且突出具有差异性的各民族国家和各类行为主体相互平等与尊重地共同参与建设、共同互惠互利、共享文明成果的形式,来充分利用地球资源、实现共同利益、创造人类美好明天。③人类命运共同体理念还体现了三个核心观念:一是新发展观,构建人类命运共同体应坚持人与自然、人与人的共生式发展,尊重自然和社会演进的客观规律,面向人类的可持续性生存和发展实践展开。二是新世界秩序观。立足加快演进的全球化进程,构建人类命运共同体主张"去中心化"的哲学图景,既承认不同国际行

---

① 习近平.携手建设更加美好的世界——在中国共产党与世界政党高层对话会上的主旨讲话[M].北京:人民出版社,2017.
② 刘建飞.引领:推动构建人类命运共同体[M].北京:中共中央党校出版社,2018:1.
③ 卢黎歌,隋牧蓉,王永智.新时代推进构建人类命运共同体研究[M].北京:人民出版社,2019:154-156.

为主体的普遍平等,也尊重它们的差异化和多样性,反对任何形式的霸权主义和强权政治。三是共同价值。人类命运共同体理念蕴含的是和平、发展、公平、正义、民主、自由的共同价值,超越国家和民族,号召人们站在人类长期发展的角度,依据普遍认可的价值规范而达成共识。①需要强调的是,安全也是人类命运共同体不可或缺的一个方面,在利益交融、安危交织的"地球村",各国应坚持以对话解决国际事务争端,以协商化解意见分歧,②促进不同安全机制间的协调包容、互补合作,才能实现普遍安全和共同安全。

人类命运共同体是超越了民族、国家与意识形态界限的存在,体现了整个人类社会对美好生活的向往,展现了宽广的普世情怀和强烈的担当精神。伴随着人类命运共同体理论和实践的推进,其世界意义更加明显,主要体现在三个方面。

第一,在理论维度上进行了丰富和深化。国际关系理论关注以国家为核心的权力、利益和安全等领域,管控冲突、压制暴力、消除战争的研究主题也一直是各国学者关注的热点,体现了各国普遍追求和平的心声和努力。传统国际关系理论渗透着长期主导世界的西方国家的意志,现今仍保有霸权主义、单边主义以及后"冷战"思维和后殖民主义等理念,不利于世界和平的长期维持。例如,2022年,俄乌冲突爆发便受到了西方霸权主义思维的影响。根据威胁均衡论的观点,共有外来威胁在一定程度上决定了一个军事同盟的存续和强化。美国有意重塑"俄罗斯威胁",既借此来进一步削弱俄罗斯的力量,又可以强调北约存在的意义以让欧洲国家更加顺从美国的战略安排。俄罗斯也多次强调北约持续东扩是致使俄乌冲突严重化的重要原因。马克思主义理论认为,人们在社会的相互依赖中形成了共同体,但只有"真正的共同体",即个人可以在其中自由发展的联合,才能帮助实现广泛的

---

① 杨抗抗.论人类命运共同体理念及其时代意蕴[D].北京:中共中央党校,2019:45-73.
② 欧庭宇.论人类命运共同体理念的基本内涵、内在逻辑及时代价值[J].广西民族研究,2020(1):26.

共同价值目标,实现个人与他人、人与自然以及人与社会的和谐。① 同时,在马克思主义理论者看来,世界历史本应是不同民族和国家逐渐突破时空界限,不断加强交往的常态化过程,但受制于对资本的争夺,资本主义制度下的世界时常发生侵略、扩张和霸权战争。② 构建人类命运共同体的理念继承和发展了马克思主义相关理论,突破了资本逻辑、对抗性逻辑和不平等的交往逻辑,努力为改变现状擘画蓝图,大大丰富了国际关系和世界政治相关理论内容。

第二,在方法维度上进行了创造和变革。人类命运共同体首先坚持历史唯物主义方法论,坚持从现实出发理解把握不同主体形态及其辩证关系,重视个人、集体、民族国家和人类等多元、多层次主体形态之间的辩证统一。③ 早期国际政治学科搭建的一个哲学逻辑便是对人性本质的思考,从人性的善与恶出发推演出国家与国家之间相处之道的不同观点与主张。第二次世界大战后,关于国际合作、国际联盟和国际组织的相关理论得到进一步深入研究,并基于集体安全建设了富有成效的体制机制。但是,近代西方政治哲学过于强调国家个体的主体性,在国家主体内部要求建立并遵守道德行为规范,却将国际关系"丛林化"并奉行强权政治,将国内和国际政治准则差异化。中国提倡构建人类命运共同体,也是提倡一种从"共同体"视角出发的分析范式,打开学者和大众的关切视野,在全球范围内推动和平发展、公平正义、自由民主等人类共同价值的统一性和连续性。此外,构建人类命运共同体理念中突出了"命运"的建构性原则,蕴含着经验性的方法。如上所述,它的确呈现出一种一揽子解决问题的哲学理想,但也引入了"命运"的概念,将"人类命运共同体"变为能理解、能实行且能操作的定义。这是因

---

① 粟锋.从"自由人联合体"到"人类命运共同体"——马克思主义国际关系理论的发展历程与逻辑[J].甘肃理论学刊,2023(1):60.
② 王岩,殷文贵."人类命运共同体"理念生成的四重逻辑[J].西南民族大学学报(人文社科版),2018,39(8):186.
③ 刘进田.论人类命运共同体的价值主体结构、哲学建构方法及其意义[J].观察与思考,2017(11):27.

为,人类之所以可以形成共同体,是因为我们在现实中命运与共,受到全球经济、政治、科技、文化等因素的直接影响,动力是现实的、目标是务实的、方法是经验的。秉持可以实现理想的信心,调动现实世界中的经验因素和真实资源,通过一系列共同的努力,人类可以"时来运转",最终走向更加美好的未来。

第三,在实践维度上进行了梳理和融合。从构建人类命运共同体提出至今,在传承了中华人民共和国成立以来优良外交传统的基础上,党和国家领导人不断用积极的行动践行着人类共同走向美好未来的愿景。习近平强调,推动构建人类命运共同体,不是以一种制度代替另一种制度,不是以一种文明代替另一种文明,而是不同社会制度、不同意识形态、不同历史文化、不同发展水平的国家,在国际事务中利益共生、权利共享、责任共担,形成共建美好世界的最大公约数。构建人类命运共同体取得了丰硕的实践成果。双边层面,中国已与老挝、泰国、哈萨克斯坦、洪都拉斯等国签订了联合声明或达成重要共识,将会基于相互尊重、平等互利、共同发展来构建人类命运共同体;区域和跨区域层面,中国也与东盟、中亚、非洲、阿拉伯地区以及太平洋岛国等加强合作,推动区域共同体建设。[1]构建人类命运共同体作为一个全球治理方案,还一步步指引着中国参与全球治理变革的实践探索。中国始终不渝做世界和平的建设者、全球发展的贡献者、国际秩序的维护者,除了呼吁建设网络空间安全共同体、健康共同体、地球生命共同体等,还在"一带一路"沿线持续促进商贸合作和基础设施搭建等,并通过亚洲基础设施投资银行不断推动国际金融机构创新,优化了组织机构和投资程序,为亚洲经济欠发达地区提供能源、交通、通信和教育等方面的融资。针对现在快速变化的国际形势,中外政治家和学者越发关注到构建人类命运共同体对解决当今危及世界和平、发展、安全的突出问题的实际意义,致力于弥补现阶段全球治理体系的短板,从而在具体领域更好地满足人类可持续生存与

---

[1] 高祖贵.人类命运共同体理念的丰富意蕴和重大价值[N].人民日报,2023-05-22(9).

发展的需求。

第二节 人类命运共同体关注全球技术发展核心议题

人类命运共同体中蕴含着对全球技术发展核心议题的关注。只有在构建人类命运共同体与推进第四次工业革命技术创新和发展之间形成良性互动,才会对回应和解决这些核心议题产生重要的推动力。通过技术外交推进技术合作、缓解技术竞争、变革全球治理,是人类通向命运共同体的重要步骤,虽然道路格外曲折,但却有积极的发展前景。

一、技术合作前景广阔

2018年,习近平在金砖国家领导人第十次会晤中发表重要讲话,再次强调人类正在经历翻天覆地的变化,但世界和平与发展的主题并未变化,各国应该把握新工业革命机遇,释放潜力、加深理解、加紧合作,共同推动建设持久和平、普遍安全、共同繁荣、开放包容、清洁美丽的世界。[①]可见,第四次工业革命及新技术的发展是推动构建人类命运共同体的重要推进器,人类也只有参与到更广泛的技术合作中才能形成真正互惠共赢的共同体。

(一)推动技术发展服务于人类命运共同体

第一,在构建人类命运共同体的技术缘由方面,当代科技创新为构建人类命运共同体提供了可能性,一方面可以提升各国各主体对共同挑战的责任意识,对不合理的技术创新和应用带来的违和与冲突作出广泛而必要的应对;另一方面,人类也将进一步锻炼解决问题的思考能力、增加物质手段,

---

① 习近平.让美好愿景变为现实——在金砖国家领导人约翰内斯堡会晤大范围会议上的讲话[N].人民日报,2018-07-27(3).

使为了共同利益的合作机会显著增多,也为后发国家的"弯道超车"加油助力。①随着新技术的加速创新发展,全球技术分布存在不均衡甚至"鸿沟"加深的情况,也正是这样的不平衡,才要求技术应该在世界范围内得到交流,并逐渐成为连接世界的工具和途径。

第二,从全球化进程方面来看,科技创新也在经历着全球化,并呈现出一定规律。首先,技术本身基于学科交叉融合而越发需要全方位、多层次的"跨界"合作。其次,人们对新兴技术发展和应用需要一个认知过程,国际社会要把技术的"野蛮生长"纳入伦理道德和法治化的轨道。最后,共同学习和分享新技术知识是盘活新资源的必要渠道,特别是对产业重构来说,国界线无法规定价值创造在各环节中的分布,单一国家也无法独自承担系统性的风险。②可以说,工业革命史和全球化进程史一定程度上证明了全球体系和标准比技术本身更重要,是人类共同的需求和努力让技术能够发挥出世界推进器的作用。

第三,从世界政治变迁方面来看,通过自由贸易体系的搭建和完善,国内政治和国际关系之间的互动开始超越"国家间"的形态,逐步推动形成了"世界性"甚至"全球性"政治的现实。而大规模的技术革命也是塑造世界政治基本运作方式的根本动力之一,不仅能够改变体系中的力量和利益格局,还能够产生、加强或者削弱特定的人性诉求和政治思想,在世界中形成广泛的思想动力。③当下,科技本位主义潮流的日益凸显有助于世界整体性和历史性的创新和进步,但部分个体企图独占科技资源和把技术武器化的倾向,也给世界政治带来了消极影响,不利于人类共同利益的实现。开放的经济和政治环境是技术和国家发展良性互动的必备条件,而个体发展的最终目的仍旧是要融入人类社会的长期可持续发展当中。人类命运共同体恰恰是

---

① 陈锡喜.人类命运共同体:以科技革命为维度的审视[J].内蒙古社会科学(汉文版),2018,39(5):26.
② 王罗汉.从科学、技术、创新三大全球化趋势分析美国技术出口管制的影响[J].全球科技经济瞭望,2019,34(3):72-73.
③ 宋伟.世界政治变迁的根本动力与作用机制[J].中国人民大学学报,2021,35(1):10,17.

这个目标的阶段性形态,指导技术服务于真正的使命。

(二)构建人类命运共同体为技术发展提供平台

第一,人类命运共同体为当下世界的技术合作提供了话语选择。人类历史滚滚向前,西方国家把握工业革命机遇,随着资本主义生产方式的产生、发展和巩固攫取了经济政治霸权并在世界格局中获得了主导地位,西方文明也随着现代科学技术的发展而在现代文明中取得了优势地位。① 在现在的世界中,西方话语具有主导性,使其在政治经济制度、精神文化和生活方式等方面,被认为是应为全球遵循的普适的单一模式。人类命运共同体蕴含着以超越性、包容性和创新性为特征的新型文明观,真正融通了中外世界观、历史观和文明观,是中国对外话语体系建构的重要一环。② 基于中国综合国力的增强,人类命运共同体的话语建构不断完善,它为世界提供了一个诠释和指引变革的不同方法。③

第二,人类命运共同体包容不同文明和文化的多样性和多元化,帮助各国重新思考技术外交战略的走向。人类命运共同体的理念指明了世界发展和人类未来的前进方向,它描绘了更美好的远景、提出了价值理念、确定了基本立场、部署了路径格局,因而应成为技术外交的价值引领和基本遵循。④ 现代科技生态系统是巨大且复杂的,又极其依赖于相互关系,因而各国应在一定程度上遏制那种以单个国家安全为由而限制技术流动的行为,否则任何有益的合作形式都将会流产。⑤ 例如,中国的"一带一路"倡议正是推动构建人类命运共同体的重要方案,既按照人类命运共同体的诸多原则和理念

---

① 陈曙光.政治话语的西方霸权:生成与解构[J].政治学研究,2020(6):37.
② 唐润华,曹波.人类命运共同体视阈下中国对外话语体系的时代特征[J].现代传播(中国传媒大学学报),2019,41(7):33.
③ 森索伊.新世界,权力与正义的构建[G]//王灵桂.70年中国发展与人类命运共同体建设——中外联合研究报告(No.8).北京:社会科学文献出版社,2021:116-118.
④ 罗晖.以人类命运共同体理念重构科技外交战略的思考[J].科技导报,2021,39(6):12-13.
⑤ 库普坎.美国与中国务必处理好双方的高科技竞争[G]//王灵桂.70年中国发展与人类命运共同体建设——中外联合研究报告(No.8).北京:社会科学文献出版社,2021:788.

在沿线各国推进国际合作实践,更依靠实质合作、提高有效供给、谋求崭新动力、实现平衡发展,是真正的互联互通、惠国惠民之举。[①]诸多国家也看到了"一带一路"倡议的本质意义,愿意搭乘中国发展的"便车",加入双边或多边协议之中。这种在人类命运共同体指引下的具体治理方案正在逐步增多,技术外交的桥梁作用逐步凸显。

(三)人类命运共同体孕育国际技术合作契机

人类命运共同体这五个方面的目标内容,每一个都孕育着前景广阔的国际技术合作契机。

政治观层面,要追求持久和平。技术的研发和使用往往有其军用需求,各国为了维护自己的国防和安全利益、抢夺政治和军事制高点,均会努力提升硬技术实力和威慑力,掌握关键军用技术。随着数字化、智能化和网络化技术的发展及其国际民用程度的进一步加深,决策者可选择的非接触式的竞争甚至"攻击"手段和工具多样化,网络阻瘫、信息侦收、网络信息战等方式已被投入使用,而且得到技术赋能的经济制裁、舆论塑造等传统压制机制的效果也得到增强,[②]削弱了武装暴力对抗的绝对必要性。当下,和平与发展仍是时代的主题,各国的利益紧密相连,难以再接受为实现政治目的而展开暴力战争抑或科技战。此外,技术领域竞争的升级也并未完全阻隔普遍的技术合作需求,更不符合技术和社会发展的规律,增加交流、建立协调机制,能够挖掘彼此在技术研发与创新方面的共同利益,减少因为错误的判断而造成的不必要的冲突和对抗。

安全观层面,要维护普遍安全。安全是人类生存与发展的基本前提,绝对安全不存在,排他性的安全也不可取。伴随新技术在全球范围内重要性的提高,技术安全以及利用技术维护安全都被提升到了更加关键的位置。

---

① 高祖贵.构建人类命运共同体 为人类发展和世界前途提供中国方案[J].中国党政干部论坛,2020(6):33-34.
② 靳风.中美关系中的"灰色地带"问题:挑战与管控[J].国际论坛,2020,22(2):83.

一方面,技术的研发和创新应该更加注重技术的使用安全且符合伦理道德,也应在一定范围内具备预防社会威胁与危害的作用;另一方面,战略前沿技术应服务于本国国家安全利益需要,但是非传统国家安全往往不能按照领土疆界划分,对国家的威胁也是弥漫而隐蔽的,"敌人"与"盟友"早已无法明确区分,事情的"真假黑白"更难以判断,[1]因而相较于抓住差异和矛盾不放,着眼于跨国、跨界、跨领域安全的普遍性和建立共同的技术安全屏障更为必要。此外,处于新技术研发前沿的全球技术公司也对提高国家安全保障的能力有着举足轻重的作用,在一定程度上能够发挥其专业性和全球平台优势,为各国联合行动和技术治理作出贡献。人类命运共同体强调共同、综合、合作、可持续的新型安全观,提出要有机统筹个体安全和全球安全,也要向着注重军事、政治、经济、文化和环境等综合安全的方向转变,尊重多样化和多元化的合理安全关切。技术合作可以促进各国在求同存异、相互尊重、平等协商的基础上,共同营造普遍安全的国际环境。

经济观层面,应促进共同繁荣。当下数字经济越发成为财富的重要来源,技术与经济全球化发展程度进一步加深,世界经济开始回暖,生产需求继续回升,越来越多的国际行为主体开始思考和计划未来的经济发力点。发达国家保有强大的实力基础,也意图保持在现有全球经济版图中的优势地位,更努力地寻求新的技术研发突破口。发展中国家看到了数字技术的驱动力和数字市场的潜力,有强烈的意愿把握第四次工业革命机遇,以积极的姿态向着新发展格局发力。全球技术企业等主体也在应对全球性问题的过程中更加认识到了自己的责任,在推动数字化和智能化改革以及追求更高的经济利益的同时,也认同完善的全球技术治理体系可以更快地联合协作、应对全球性危机。而民众也在不断提升个体技术素养,更加关心新技术为社会生活带来的益处,关心能否继续享受到技术和社会经济发展的红利。对经贸利益的优先考量,有效促进了各方构建数字经济共同体意识的提升,

---

[1] 石海明,曾华锋,刘一鸣.战略前沿技术与国家安全[N].光明日报,2018-05-08(14).

这是走向共同繁荣的必要条件,但技术保护主义、关税壁垒、市场垄断和行政审查等也是越发常见的阻碍技术交流和数字经济发展的手段,更是被别有用心者用作打压对手和竞争者的武器。各方应继续寻找合作共赢的空间,让技术发展的成果真正惠及世界各国。

文明观层面,应坚持开放包容。人类文明的多样性是世界的基本特征之一。① 西方主流的文明观和价值观曾经在世界历史中发挥了举足轻重的作用。空间维度上,它激励人们尽情想象与改造,不断突破地理的界限,将整个世界逐步框入了它们的秩序框架当中;时间维度上,它将工业文明推上了现当代世界文明主流的宝座。伴随新兴国家和国际行为主体的崛起,国际格局进入"不安的和平"局面,被压抑的多样文明在世界舞台上更加活跃,彰显出西方文明观中的陈旧理念、认知惯性与时代要求的不相适性。② 人类命运共同体继承了中华文明"和而不同""美美与共"的优良传统,倡导世界文明的沟通交流、兼收并蓄。人类命运共同体本身也开创了一种新型的全球性文明,这种文明以全球性生产力的发展和新科技革命为根本动力,以人类共同利益为联结纽带,以平等、互鉴、对话和包容的新型文明观为核心价值理念。③ 科学技术应该是被人类共享的,新技术被应用得越多越广,越有促进人类文明发展的价值。在人类命运共同体的指引下,它应成为推动文明交流、文明互鉴和文明共存的更强大的工具。

生态观层面,应尊崇清洁美丽。生态文明建设关乎人类未来的长远发展,是技术和技术外交可以发挥重要作用的领域。人类已经意识到从自然中一味索取是短视的,工业文明带来的矛盾与恶果需要现在的人们去解决,而未来的家园也需要从现在就开始守护。全球性的气候问题无法用边界阻隔,任何国家和个人都无法独善其身,迫切需要加强国际协作,合力应对挑

---

① 吴志成,吴宇.人类命运共同体思想论析[J].世界经济与政治,2018(3):22.
② 白洋帆,颜旭.西方文明观的性格缺陷与实践困境——兼论人类命运共同体理念的历史超越[J].马克思主义哲学论丛,2020(3):247.
③ 田江太.人类命运共同体:一种新型全球性文明的开创[J].中国矿业大学学报(社会科学版),2021,23(2):33-34.

战。新技术创新可以帮助人类构建一个绿色系统,实现前端开发、中段制造、后程商业化和社会应用转化等多流程多环节的环保和可持续利用。当然,这并不是一蹴而就之事,需要发达国家向欠发达国家和地区提供技术、资金等方面的支持,更多地分享经验教训和更多地肩负责任义务,也需要各国坚持公平、公正、惠益分享,并尽早加入应对全球环境和气候危机的队伍。此外,对于减少碳排放、加强环保绿化、应对地球气候变化的工作,各种类型的企业也是参与的主角,可以在自身的优势技术领域作出显著贡献。例如,中国互联网巨头阿里巴巴响应国家号召,利用云计算这一数字基础设施来推动绿色低碳经济发展,利用技术效率的提升促进减排增效。[①]技术企业手握的知识权力可以推动绿色技术向全球扩散,也可以利用平台优势创造更多的绿色文化公共产品,使全球各地的民众感受到造福地球就是造福自己。打造清洁美丽的世界必须要依靠合作。

二、技术竞争持续升级

在技术参与的视角下,多种国际行为主体之间的竞争与合作是辩证统一的,是世界政治系统得以存在和发展的必要条件。然而面对百年未有之变局与第四次工业革命的冲击,旧国际秩序松动和西方治理困境同时出现,一些国家急于求成,只知低头逐利、不知抬头看路,结果害人害己。要实现构建人类命运共同体的目标,就必须对当下的技术竞争和合作保持更加清晰的认识。

竞争是人类历史的主题之一,也是人类文明能够向前发展的主导动因之一。从全球生产力发展和市场竞争层面而言,通过创新与市场将人类联结在一起的趋势符合经济和社会规律。美国的基础研发实力强,政府会在

---

① 阿里巴巴集团.2021阿里巴巴碳中和行动报告[R/OL].(2021-12-17)[2025-01-31].https://sustainability.alibabanews.com/download/Alibaba%20Group%20Carbon%20Neutrality%20Action%20Report_20211217_SC_Final.pdf.

前沿科技领域进行资金支持和投资引导,尤其考虑技术的军事用途。具有前景的技术较快地转向民用研发和推广,激发社会技术创新的能动性,推动技术成果转化,主要依靠市场力量和经贸方式占领全球市场。①此外,企业一般会依据母国和东道国已有的政策法律,在新技术的扩散初期,就逐步将涉及新技术的行为活动纳入金融和社会管理等体系中,法律法规和技术的全流程可以形成彼此相互支持的低限却稳定的联结,竞争是良性且必要的。但市场份额、体量和空间都是有限的,市场无法跟随数字技术拓展到虚拟空间。资本的逻辑更是弱肉强食,只靠市场自发调节,那么具有更强研发实力、金融资本以及平台影响力的企业及其母国易形成技术和贸易垄断。今日,技术封锁与反突破正在成为垄断与反垄断之间斗争的主要表现,且竞争愈演愈烈。从国际政治和国际关系的层面而言,竞争关系也是一种基本的国家间互动关系模式,国家以自身利益为核心,在经济、政治制度、科技、文化、意识形态等方面展开较量,推进世界格局演进。

目前各国的技术战略竞争逐步走向零和博弈,增加了人类社会发展的不确定性。这一定程度上是发起方选择了错误竞争方式的结果。刘益东提出了竞争的"赛道陷阱"概念,论述了主体因只盯竞争对手、忽视竞争方式(即"赛道"的喻指)而陷入困境和危机的局面。②经贸摩擦、网络战、科技战等,都是竞争思维独占人们头脑的最新产物。从2019年开始,美国在缺乏证据且没有明确国际法支持的情况下,利用行政手段对中国技术企业展开了多轮审查和制裁,意图打压中国快速发展的势头。这是缺乏深谋远虑的行为,陷入了"确保相互摧毁即可确保自身安全"的观念误区。对竞争方式的错误运用还会掩盖真正的挑战与危机的存在。各国的命运早已紧紧联结在一起,一串代码、一台服务器、一个数据库、一条信息,都能够产生"蝴蝶效应",而扭转方式和路径的成本可能是巨大的,只有迅速的反应、准确的判

---

① 高奇琦.人工智能、四次工业革命与国际政治经济格局[J].当代世界与社会主义,2019(6):18.
② 刘益东.竞争方式陷阱与匿名核袭击:科技重大风险治理的当务之急[J].山东科技大学学报(社会科学版),2021,23(1):2.

断、步调一致的行动才能尽力抵消战略竞争带来的负面影响。

合作是人类追求利益最大化的主要方式。面对个体由于理性有限和信息不对称等原因难以独立解决的问题,合作往往是更好的选择。目前,完善全球技术治理是各国的共同呼声,也代表着制度化合作被提升到了更加重要的地位。除可以充分发挥不同治理主体的专业优势外,一系列正式和非正式的规则网络还可以帮助协调彼此步调,在面临共同问题时总体把握对自身和整体关系的认识。但需要注意的是,当下要提防"俱乐部"式的排他性"合作",杜绝将拉拢同盟行动极端化、将合作的目的"阵营化",这样的合作可能是建立在牺牲较小国家的利益基础之上而形成的,危害或比竞争更大。近年来,美国逐步摒弃了单边主义思想,转而开始运作具有战略竞争印记的"技术多边主义",组织召开了"全球民主国家峰会",推动"民主"国家合作,意图同欧洲和亚太地区的"民主"盟友和伙伴一同对中国展开战略遏制。这样因美国的直接针对而形成的"技术同盟"举措已经威胁到全球的战略稳定,开始扩大全球发展的不平衡,增加全球治理赤字。但是,由于美国对华战略利益是其拉拢同盟的主要考量,同盟中也常常会有分歧之声,反映出被压抑的个体对自己利益的争取,很难说这样的合作能走多远。

构建人类命运共同体不是要回避和消灭因利益难题、实力差距、价值冲突而引发的竞争,而是倡导要从视角的"和"和行动的"合"出发,开发更多优势互补的非对抗部分,寻找差异化主体可以形成广泛共识并达成建设性合作的交叉点。合作不应该是战略竞争的被动策略,而应该是谋求共同利益的主动选择。现阶段,从探索建立合理的竞争性合作框架做起,才能保障各国的良性互动发展。

三、技术治理亟待完善

技术发展和技术战略竞争形势瞬息万变,当下的全球技术治理体系还不完善,不能很好地对技术全球性议题作出充分反馈,也不能明晰地反映世界格局的变化。一些国家已经通过技术外交或其他机制加入全球技术治理中来,但共识的达成仍受制于很多影响因素,得到普遍认可的公平和合理的技术治理框架仍未形成。技术外交的任务之一,就是为完善全球技术治理增加合作的动能,为各类行为主体参与全球治理增强合法性,以在技术治理的制度化建设中获得一定话语权。现在,这样的需求和目标越发明确,但制度政策的制定尚未完全走在问题之前,各类主体也难以逃离战略竞争的影响。人类命运共同体理念也正在为全球技术治理提供一个更加合适的方案选项,支持以下几个方面的变革和建设。

首先,转向多元主体共治的技术治理主体变革。现有的全球治理和全球技术治理体系都建立在"二战"后国家力量对比和国际权力结构调整的基础上,其被沿用至21世纪20年代就越来越不具备代表性和合理性。本书第一章提到,新技术的发展和数字经济的崛起进一步促进了新兴技术主体在国际舞台上的活跃。就国家行为主体而言,新的技术治理应该要更注重体现广大发展中国家和新兴市场国家的主张,可以扩大第四次工业革命成果的惠及范围,推动世界向着更加开放包容和普惠的方向发展。此外,技术巨头企业的专业引领和结构性权力已经被关注,开始被视为直接的外交对象,处理好和它们的关系不仅能够管控弥漫的技术风险,还能促进更加先进的数字公共产品的生产和传播。由于体制机制的不完善,非国家行为主体中还有一些未能发挥出对世界政治应有的影响。探讨能够合理容纳多利益攸关方声音的创新机制,也是技术治理应该努力的方向。

其次,转向全面纵深治理的技术治理客体变革。现有的全球技术治理的基本形态是和西方主导的全球治理体系保持一致的,技术治理的对象、领域和被提议讨论的议题等多是围绕主权国家展开的,也常受到体系中强势国家的引导。围绕国家间传统安全问题,全球技术治理中的核心议题仍有着利用新技术进行军事威胁、经济制裁和地缘政治博弈等的影子。技术治理体系的客体变革不仅关乎这些治理内容和议题的重要程度,还关乎治理方法和手段方面的问题,①特别是当下技术已不仅只具备工具属性,更成为民间的社会生活问题,治理内容也随之趋向社会化,传统全球技术治理的迷障更应被突破,为更广大的共同利益而服务。技术外交的议题范围广泛,体现着全球对新技术发展和治理的关切,一次次对话的举行和平台的搭建,可以成为完善全球技术治理建设的大路。同时,变革技术治理客体要秉持未雨绸缪和与时俱进的原则。数字化、智能化、网络化技术的发展日新月异,一系列已经引起全球共同关注的事项亟待解决,而刚刚萌发或者潜在的问题也需要得到有效预防。如今,畅想人类未来在数字虚拟世界进行社会生活的"元宇宙"优先被技术企业提上开发日程,提升治理意识、逐步跟上技术发展的节奏并努力走在技术发展前沿,将是技术治理客体改革的重要方向。

最后,转向"再全球化"的技术治理规则变革。治理规则是指用于调节和规范全球技术治理方式和过程的原则、规范、标准和协议的总和。②习近平强调,"以规则为基础加强全球治理是实现稳定发展的必要前提"③。目前,全球技术治理规则的"路径依赖"仍比较严重,总体而言还是一种"发达国家制定—新兴市场与发展中国家接受"的规则关系。例如,两部《塔林手册》的制定源自西方发达国家对约束网络空间战争行为的需要,但其制定是由北约国家主导的,主要反映北约成员国的立场,未见其参考中国、俄罗斯或其他发展中国家政府的文件。④全球技术治理也是一种以规则为基础的治理,随着世界格局演进和国际体系变化,规则制定权和规则内容的博弈开始作用于全球治理变革。徐秀军提出,"所谓'再全球化',指的是通过国际规则的重新塑造实现对全球化的升级改造,以适应新的时代要求"⑤。由于实力地位与利益诉求的差异等,各种类型的国际主体参与全球技术治理有其对待规

---

① 殷文贵.批判与重塑:全球治理体系的内在缺陷及其变革转向[J].社会主义研究,2021(5):165.
② 殷文贵.批判与重塑:全球治理体系的内在缺陷及其变革转向[J].社会主义研究,2021(5):167.
③ 习近平.加强政党合作 共谋人民幸福——在中国共产党与世界政党领导人峰会上的主旨讲话[N].光明日报,2021-07-07(2).
④ 朱莉欣,武兰.网络空间安全视野下的《塔林手册2.0》评价[J].信息安全与通信保密,2017(7):68-69.
⑤ 徐秀军.规则内化与规则外溢——中美参与全球治理的内在逻辑[J].世界经济与政治,2017(9):68.

则上的偏好和趋势,霸权国家倾向于将国内的规则国际化和推行外向约束,而新兴国家则可依托其适应和学习能力将国际规则国内化,为其在全球规则体系中崛起创造有利条件。①但依赖单一国家规则的外交约束是与以多边规则为基础的"再全球化"潮流相悖的,因而这样的技术治理约束性逐渐式微。越来越多的国际行为主体愿意适应规则的变革以更好地和世界接轨,但也不愿以牺牲自己的利益和需要为基础来被动地接受制约,原有的技术治理规则的制定思路和内容将会被扬弃,一种维护人类整体利益与秩序的国际规则和机制的建构迫在眉睫。

第三节 人类命运共同体指引突破技术外交困局

人类命运共同体理念对克服技术外交的现实困境具有重要意义。总体来看,技术外交顺势而生,但困境也将长期存在,各国开展技术外交并深度参与全球技术治理将是一条必经而曲折的道路。既然是必经之路,再多的困境、再大的曲折也必须突破。探索突破困境之道将是各国政府及其他各类技术外交行为主体,特别是学者和智库的重要使命。从技术外交形成的时代背景和世界发展趋势来看,解决技术外交困境的出路,应是以构建人类命运共同体为根本指导,加强共商、共建、共享原则的驱动,正视各国相互依赖的现实和不断增大的共同利益,直面全球性问题及各种挑战,凝聚共识,促进各国之间及各类行为主体之间的合作。

一、人类命运共同体是对现实政治的反思

从本质上来说,人类命运共同体的提出是对现实世界政治反思的结果,

---

① 徐秀军.规则内化与规则外溢——中美参与全球治理的内在逻辑[J].世界经济与政治,2017(9):82.

它站在更高的角度直面国际社会的复杂性和多面性,对谋求世界持久和平与共同繁荣进行合理而积极的引导,反映了人类发展的客观需要和前进道路,是实施并完善技术外交的根基。从历史进程的宏观层面看,当代外交中公认的主权平等、和平解决国际争端、互不使用武力、不干涉他国内政等基本准则,是人们在两次世界大战后理性反思国际关系的成果。当下,人类命运共同体代表着一种新政治哲学的开创,它建构于第四次工业革命和全球性生产力、生产关系革新的基础上,立于全球整体性,内察个体多样性,慎对关系多变性,推崇交流借鉴、反对"文明的冲突",是对国际关系的冲突、竞争与合作的经验教训的超越和升华,能够指引技术外交更好地适应时代发展需求,促进各国技术外交工作的开展。

二、人类命运共同体重新强调了人本逻辑

从数字时代的变迁来说,虽然新技术革命的确驱动各国竞争力洗牌、冲击各类主体的竞争边界、改变了国际社会的游戏规则,但技术的影响在某种程度上被绝对化了,一些技术运作和标准甚至被用作猜疑、制裁或违约的借口。当下较为盛行的科技本位主义思潮与第四次工业革命的进程相辅相成,激励各国在技术领域奋发图强,[①]但过于关注技术本身则会忽略人们的真实需求和人的能动性,形成对形势的错误认知与判断。例如,从某种意义上来说,中国在核心技术领域所面临的研发困境是美国对华技术战略博弈的重要支点,也成为美国封锁中国的重要方向。[②]这当然是美国竞争战略的精心设计,但卡中国的"脖子"也给美国造成了极大的损失,其本国的产业链和供应链也遇到了断裂危机,社会生活的一些方面也相继出现波动。人类命运共同体的理念重新强调了人本逻辑、跳出技术决定论,促进人们寻找价

---

① 蔡翠红.科技本位主义的潮流与动因[J].人民论坛,2019(35):41.
② 王磊.美国对华人工智能战略竞争的逻辑[J].国际观察,2021(2):117.

值认同并自觉联合,以逐步消除狭隘的单一主体利益的割裂状态,①为技术创新与世界人民福祉的深入结合指明了方向,从而助力各国通过加强合作使技术外交从现实中的"困同"走向理念上的"志同"和行动上的"治同"。

三、人类命运共同体是全球治理的目标模式

从现实意义来说,人类命运共同体是推进全球治理的目标模式,是回答"时代之问"的先进方案,是中国给世界提供的公共产品,②它超越了"非均势即霸权"的国际秩序观,③以非零和博弈的公共性取代零和博弈的对抗性,④号召各类主体不仅注重共同利益,还要承担共同责任,更要树立共同价值,这种理念和方案为通过合作解决技术外交困局提供了可行性路径。⑤人类命运共同体还特别关注到了全球实践和需求的关系,即它是在人类面对越发复杂的全球性挑战时被提出和逐步深化的,和不同的国家和国际行为主体一道面对和尝试解决这些重要议题的互动过程,就是将人类命运共同体理念付诸行动的过程。技术外交作为一种创新的外交类型和范式,突出多元国际行为主体各自优势并鼓励它们发挥各自所长作出贡献,注重提高多边外交的效率和水平,推进全球技术治理体系不断完善,以更好地为人类提供公共产品和服务,共享技术发展成果。因此,人类命运共同体与技术外交在内涵和目标上具有一定程度的契合,且可以通过建设、完善全球技术治理体系的实践,来强化二者为人类服务的内在逻辑。

---

① 钟慧容.构建人类命运共同体的三个基本问题辨析[J].福建论坛(人文社会科学版),2019(9):28.
② 刘建飞.引领:推动构建人类命运共同体[M].北京:中共中央党校出版社,2018:18.
③ 张宇燕.习近平新时代中国特色社会主义外交思想研究[M].北京:中国社会科学出版社,2019:106.
④ 田江太.人类命运共同体:一种新型全球性文明的开创[J].中国矿业大学学报(社会科学版),2021,23(2):35.
⑤ 刘建飞,罗建波,孙东方,等.构建人类命运共同体:理论与战略[M].北京:新华出版社,2018:8.

第四节　人类命运共同体理念下技术外交实现的中国路径

中国是全球开放的重要推动者,也是新时代全球治理的重要参与者、贡献者和引领者。中国的实践使世界看到了大数据、人工智能等技术给各行各业带来的创新与能量,也增强了各国对中国作为负责任大国的信心。但当下中国发展的机遇与挑战并存,外部环境复杂多变,特别是受一些国家的不公平贸易政策的影响,中国的软硬件企业遭遇了不同程度的"出海"挫折,中国深度开放创新的战略空间和政策选择余地遭到挤压。对此,中国在具体践行技术外交时正以构建人类命运共同体为根本指导,突出中国作为科技大国的使命和担当,着重发挥世界数字经济"发动机"的作用,在兼顾创新和安全的同时逐步加强与各类行为主体的接触以达成合作,取得积极进展。中国的技术外交探索可以为他国提供有效的路径和经验,使技术外交在人类命运共同体指引下的广阔前景转化为生动的现实。

一、中国技术外交面临的机遇和挑战

习近平在党的二十大报告中提到,当前,世界之变、时代之变、历史之变正以前所未有的方式展开。[1]高祖贵阐释道,"世界之变"体现了格局之变、空间之变:国际力量分化、战略关系重组,新的斗争、竞争与合作正在全球各个角落发生;"时代之变"体现技术之变、生产力之变:第四次工业革命驱动全球大发展,但竞争空间拓展、竞争程度空前加剧,全球"失序"仍在持续;"历史之变"则体现了机遇之变、挑战之变:全球化向着更高水平发展,人类共同

---

[1] 习近平:高举中国特色社会主义伟大旗帜 为全面建设社会主义现代化国家而团结奋斗——在中国共产党第二十次全国代表大会上的报告[EB/OL].(2022-10-25)[2022-11-24]. http://www.news.cn/politics/cpc20/2022-10/25/c_1129079429.htm.

利益前所未有地一致,但和平、发展、安全和治理赤字持续加重,互信降低,人类社会面临各种突出的全球性挑战。①基于对自身和世界形势的深刻分析,党的二十大重申了对构建人类命运共同体的坚持,也重申了中国作为促进人类发展和维护世界和平中坚力量的坚定立场。然而,习近平也指出中国的发展进入了"战略机遇和风险挑战并存、不确定难预料因素增多的时期"②。对于中国推进技术外交而言,机遇与挑战也是同时存在的。

(一)迎来的机遇

中国技术外交的机遇首先便是党和国家在历史关键节点能够"集中力量办好自己的事",为技术外交的推进打下了坚实的内部物质和精神基础。当下的中国正处在向第二个百年奋斗目标进军,迈入全面建设社会主义现代化国家新征程的重要时刻,国家发展的内驱力强劲,政治经济都处在成长上升期,深化改革、扩大开放是历史正确的选择。中国长期以建设世界科技强国为目标,将人才强国作为国家战略,充分结合以国家为主导、以市场为核心的双重科创体系,着力提升自主创新能力,持之以恒地攻克关键技术难题。党的十八大以来,中国在互联网与数字技术和数字经济领域获得了历史性和整体性的加速飞越,是中国国力快速提升的直接因素之一。中国国内的社会治理水平也在不断提升,治理内容精细化、治理人才专业化、治理技术数字化、治理过程民主化和治理制度法治化特点突出,③坚持中国共产党领导和扎根中国实际的制度优势更是令中国社会维持了长期稳定的"中国之治",这是中国和中国人民走向世界并与世界自信自强相处的底气来源。对外政策是国内政治的延续。在当前全球经济颓靡、政治博弈主基调

---

① 高祖贵.新征程上不断开创中国特色大国外交新境界[N].学习时报,2022-12-09(A1-A2).
② 习近平:高举中国特色社会主义伟大旗帜 为全面建设社会主义现代化国家而团结奋斗——在中国共产党第二十次全国代表大会上的报告[EB/OL].(2022-10-25)[2022-11-24]. http://www.news.cn/politics/cpc20/2022-10/25/c_1129079429.htm.
③ 王利平.推进社会治理现代化 有力维护社会大局持续稳定[EB/OL].(2022-12-06)[2022-12-10]. http://fj.people.com.cn/n2/2022/1206/c181466-40221457.html.

确立的背景下,走好自己的路、办好自己的事,不仅可以为本国寻发展、谋幸福、成大事,还将为世界共同繁荣增添强劲动力,是一种富有智慧的战略逻辑的体现。

中国技术外交的外部机遇,既在于新技术革命的蓬勃兴起和百年变局的加速演进,也在于世界人民对经济发展、文明昌盛和社会进步的普遍期待。第四次工业革命是一场供应链和价值链在全球范围内深度融合的产业革命,也是一次强大的技术赋权革命,不仅是技术发达者的权力来源之一,发展中或弱势群体也可以利用赋权机会而获得增益,[①]进而通过改革来实现国际地位调整并稳定结构性变化。当下人类面临的全球性问题,如气候变化或地区冲突等,根本上也是发展性问题,恰当且充分地调动新技术的优势作用应能使其得到有效缓解,尤其是发展中国家和新兴经济体更应积极作为。在探索共同发展的道路上,一些大型全球技术企业继续发挥着创新"排头兵"和交往"黏合剂"的作用,不仅利用自身平台拓展交流或对话渠道,维系着国际社会交往和经贸合作,还在战略博弈的压力之下尽量避免"脱钩"升级,一定程度上帮助稳定了双边或多边关系。受到大国战略竞争大环境的影响,海外投资泛政治化加剧、商贸审查政策收紧,但是广泛的利益和效益联结仍旧是合作共赢的逻辑起点,遵守公认的规则和惯例亦是回应互惠互利诉求的基本保障。近年来,各国各地区以各种方式拓宽走向世界的开放之路已是不可逆转的历史大势,人类前途的整体性呼吁全球共识的更新,不论是合作者还是竞争者,都需要具备能够共处一室、诚意交谈的能力和决心。

(二)面临的挑战

当下中国在技术外交领域面临的第一个挑战就是美国对中国的战略竞争常态化,致使中国在有效管理中美关系方面的难度和不确定性不断增大。

---

① 高奇琦.智能革命背景下的世界之问与智能发展倡议[J].人民论坛·学术前沿,2022(21):23.

可以说,中美关系在尼克松访华的五十余年后迎来了最大的变数,而这种变数成为中国的"和平红利"逐渐消失的标志。特别是在新技术和直接相关的产业链、价值链领域,中国的知识创造、资金注入、标准制定和人才培养仍存在短板,美国制造的麻烦给中国的技术战略推进造成了实际困难。中国在成为真正的技术强国之前,与美国的合作仍旧是必要的。如何突破美国的围堵并稳定中美关系态势,是目前中国技术外交面临的巨大挑战。

中国技术外交的第二个挑战在于深入参与全球技术治理的难度。近年来,中国致力于在各个领域的全球治理中承担更重要的责任,为推动构建人类命运共同体做出更大贡献,得到了一些发展中国家和新兴经济体的认可。但从整体层面出发,国际社会对中国提供更多更好的全球公共产品的需求会越来越多,这一定程度上也增加了中国的供给压力。例如,从数字基础设施建设到5G和智能技术在农业、健康和能源等领域的推广应用,中国积极与世界共享技术发展成果,与诸多国家和地区开展了密切的合作。然而,还有一些声音认为中国挤占了当地的市场空间,是一种"数字扩张"行为。这给一些国家和组织限制中国技术企业的海外投资和中国对外政策的执行找足了借口,导致了他国对中国提供技术公共产品的意愿和正当性的误解。中国需要在技术外交推行的过程中慎重考虑国际义务和国内需求的平衡,也要提升全球公共产品的供给能力、消除外部因素对事实的歪曲,这对现阶段的中国而言是一项艰巨的任务。

中国技术外交的第三个挑战在于世界对中国的国际形象和政策执行仍有误解。皮尤研究中心2022年春季的全球态度调查显示,世界上19个主要国家中约有68%的受访者对中国持有负面态度。其中,日本、澳大利亚、瑞典、美国和韩国对中国持有负面印象的受访者比重最高,超过80%,其他国家对中国的负面看法也基本处于或接近历史最高点。[①]调查还显示,对中国

---

① SILVER L, HUANG C, CLANCY L. Negative views of China tied to critical views of its policies on human rights[R/OL]. (2022-06-29)[2022-11-25]. https://www.pewresearch.org/global/2022/06/29/negative-views-of-china-tied-to-critical-views-of-its-policies-on-human-rights.

的不利意见与对中国人权政策的担忧最为相关,但也包含着对中国军事力量提升的"畏惧"。当下,一些国家的政客和媒体或出于片面的政治目的,或出于偏见,轮番对华进行不实的言论攻击、放大中国的缺点,在话语权和舆论领域对中国形成污名化围堵。①这不仅会影响中国执行技术外交政策的国际话语环境,也会扩大教条式的意识形态竞争,这样的情况亟待改变。

二、中国技术外交的目标

作为世界上最大的发展中国家,中国外交往往会面临一系列选择,既要为自身发展营造稳定与安全的环境,也要突出本国战略优势、稳中求强。2021年10月,《中共中央关于党的百年奋斗重大成就和历史经验的决议》高度概括了中国特色大国外交的核心目标,即"明确中国特色大国外交要服务民族复兴、促进人类进步,推动建设新型国际关系,推动构建人类命运共同体"。2022年10月,党的二十大报告进一步明确中国外交必须始终坚持以中国特色社会主义为根本,增强战略自信,坚定捍卫党领导人民选择的社会主义道路;中国外交必须始终坚持维护世界和平,促进共同发展,推动构建人类命运共同体;中国外交必须始终坚持独立自主,弘扬公平正义,坚守人间正道。②

中国的技术外交是国家总体外交的重要组成部分,是立足当下世界格局和新技术革命发展形势,提升国家技术实力、能力和潜力的重要部署,也是在人类命运共同体指导下参与完善全球技术治理和解决全球问题的重要方式。中国实施技术外交的总体目标是满足本国利益同促进技术向善、推进世界发展的相互交融和相互成就。具体而言,中国的技术外交有三重目标。

---

① 邢丽菊,赵婧.国际话语权视域下的中国国家形象建设:挑战与对策[J].东北亚论坛,2021,30(3):120.
② 习近平.高举中国特色社会主义伟大旗帜 为全面建设社会主义现代化国家而团结奋斗——在中国共产党第二十次全国代表大会上的报告[EB/OL].(2022-10-25)[2022-11-24]. http://www.news.cn/politics/cpc20/2022-10/25/c_1129079429.htm.

首先是通过技术外交拓展经济和技术合作空间。第四次工业革命推动了经济全球化向更广泛更深入的方向发展，技术资源的流动性和可用性进一步提高，更加多元的主体参与贡献并在更大范围内开放合作，才能促进未来全球社会经济蓬勃发展。战略竞争在技术领域加剧，知识传播、创新扩展和资源共享的需求更加紧迫，国际技术合作仍有巨大空间，因为各类国际行为主体把握新技术革命和产业革命红利的总体目标未变。中国一方面坚持自主创新，意图通过技术外交努力融入技术创新网络，积极提高合作交流的效率，另一方面还推进机制改革，营造健康可信的创新生态，创造公平竞争和保护知识产权的市场环境。中国将坚持在竞争中合作、在共赢中发展，以更加灵活、有效的方式，积极拓展经济和技术合作空间。

其次，通过技术外交获取技术权力。维护并实现国家利益、提升国家实力和话语权，是一国外交思维的现实取向。近现代，依托几次工业革命的发展，世界形成了"西强东弱"的格局，"西力东侵"至今仍对欠发达国家和地区具有冲击力和破坏力。近年来，中国始终保持世界第二大经济体地位，并且在数字化、网络化和智能化技术创新应用方面实现了飞速跨越。然而，中国对其他国家的技术资源仍存依赖，在一些重要的全球技术议题中缺乏话语权，技术主权、数据主权和网络安全仍屡遭侵犯。寻求与中国实力相匹配的技术权力与利益是对中国主权独立的捍卫和国家安全的维护，这包含获取国际技术事务的话语权和国际技术标准与规则的创制权，[1]以及提升在全球技术治理体系中的地位和作用，进而力争在百年变局的深刻调整中赢得主动。

最后，通过技术外交维护国家和企业的海外利益。自2019年开始，中国在高技术领域的境外投资与平台发展的国际环境开始恶化，美国及其同盟国家开始将崛起中的中国视为最主要的竞争对手，出于政治博弈的目的人为设限，滥用禁运、断供、管制等手段破坏技术产业链，中国企业"出海"受到

---

[1] 李博一.百年变局下的中国外交思维：历时与共时之间[J].学术探索,2022(9)：61.

重大打击,中国的海外利益受到重创,本已颓靡的世界经济雪上加霜。中国的技术外交一方面着眼于"国之大者",试图突破西方"技术同盟"的围堵,反对这种技术霸凌行径,畅通国内国际双循环,为国家发展提供持续动力;另一方面践行"外交为民",继续建立健全相关法律法规体系,通过外交手段尽量消除战略竞争带来的不确定性并管控分歧,维护中国企业和中国公民在海外的利益。

三、中国技术外交的实施

(一)推进自立自强,夯实国际技术合作基础

前面提到,各国技术外交的推进是以国家实力和国家利益为根基的。中国保持对自身现状的清醒认识,努力提升自身技术实力和核心技术竞争力,并保持对外部风险与威胁的敏感,首先自立自强,才能合作增效。借力第四次工业革命,中国大力发展数字经济,出现了在世界上颇具影响力的技术和平台公司,百度、阿里巴巴和腾讯等为中国在全球互联网和数字领域建立了具有潜力的生态圈。如今,以字节跳动、美团和滴滴等为代表的新兴技术公司正在快速发展,利用一系列与人工智能相关的技术拓展服务平台,以短视频和电子商务等简单易用的应用形式加速产业链、价值链、创新链重构。但中国不能止步于此,中国的数字经济很大程度上依托移动终端及其服务,基础研发能力不足。对中国这样一个大国来说,依靠外部资源和引进技术来满足本国需要是极不现实的,推进科技自立自强、集中力量办好自己的事才是唯一正道。同时,打开平等沟通局面、开展更高层次的国际合作、深度参与全球技术治理与国际规则的制定,也必须要以技术实力作为基础。

(二)基于共同需要,强化技术外交的理念拓展

党的十八大以来,中国外交在更广阔的世界舞台上积极倡导开放共创

繁荣、创新引领未来,努力让开放成果惠及中国和世界的企业和人民,[①]为技术外交的展开做好铺垫。中国国家发改委还特别邀请美国企业和美国商会开展多次座谈,建立与美国工商界的圆桌会机制,增信释疑。国家发改委还表示中国特别重视绿色和新能源产业,注重数字经济产业,希望可以和美资企业共同制定行动计划和行动方案,与美国重新建立合作机制。《国民经济和社会发展第十四个五年规划和2035年远景目标纲要》提出将实施更加开放包容、互惠共享的国际科技合作战略,更加主动地融入全球创新网络。[②]习近平在第七十次联合国大会一般性辩论时提出"和平、发展、公平、正义、民主、自由",[③]这既是人类命运共同体推崇的价值理念,也是人类通过技术发展和合作可以为共同体践行的文明理念。可以看出,中国正在号召不同国家和不同类型的行为主体保持良好的心态和理性的认识,以应对共同的危机和问题。

(三)跨越行业领域,推进新合作平台的搭建

中国政要和专家在多个重要场合中表示,技术和行业的融合、联合、聚合已然发生,在国家间树立技术和贸易壁垒无异于固步自封,加强国际合作才是大势所趋。"数字丝绸之路"系列项目作为"一带一路"倡议的一部分,得到了中国政府的高度重视和积极落实。中国与"一带一路"合作伙伴共同建设数字基础设施,并在此基础上完善电子商务网络、建设智慧城市等,逐渐成为协同工作的主流。其中,中国还发起了以国际合作科学研究为工作方式的"数字丝路国际科学计划",并成立了多个国际科研中心,开发和推广地球大数据应用服务,为本国和沿线地区可持续发展目标的实现提供可靠的科研支持。[④]当下,中国不仅正在申请加入《全面与进步跨太平洋伙伴关系

---

① 习近平.论坚持推动构建人类命运共同体[M].北京:中央文献出版社,2018:527.
② 中华人民共和国国民经济和社会发展第十四个五年规划和2035年远景目标纲要[M].北京:人民出版社,2021.
③ 罗晖.以人类命运共同体理念重构科技外交战略的思考[J].科技导报,2021,39(6):12.
④ 任天威."数字丝绸之路":数字国际合作路径与理念创新探析[J].公共外交季刊,2020(4):86.

协定》(Comprehensive and Progressive Agreement for Trans-Pacific Partnership,缩写 CPTPP),表示愿意通过改革,努力全面达到 CPTPP 规则标准,在市场准入领域作出超过中方现有缔约实践的高水平开放承诺;①也在申请加入《数字经济伙伴关系协定》(Digital Economy Partnership Agreement,缩写 DEPA),积极对接数字贸易的国际规则,也以此促进各方在新技术规范体系和治理思路方面达成共识。②作为中国技术外交的重要部分,加入这些项目、计划与新机制不仅可以宣传国际数字科技合作的积极意义,也是践行共商共建共享全球治理观的切实举措,帮助中国改善周边环境且弥合数字鸿沟。

(四)把握共性原则,加快相关规制建设

全球数字社会转型和数字化社会运行需要普遍适用的法律法规和制度保障。继《网络安全法》和《数据安全法》的实施,2021 年 8 月十三届全国人大常委会第三十次会议表决通过《个人信息保护法》,体现了国家对网络空间和数据主权的捍卫,也一定程度上平衡了中国政府机构监管和国内外企业对个人信息使用的关系。中国路径是介于欧盟以《通用数据保护条例》为代表的严谨而综合的立法司法体系和美国"最低限度主义"(minimalist)之间的"第三道路",③它兼顾国际立法经验和本土务实需要,将国家制度特色和人类命运共同体理念融入数字经济和网络信息法律的制定与完善之中,不仅进一步彰显了中国作为数字技术大国的身份,还以此顺应时代和世界立法潮流,加强了与国际通用规则的接轨,为全球技术治理做出制度贡献。2022 年年初,中国国家网信办、工信部、公安部和市场监管总局等四部门联

---

① 周頔.商务部:中方愿通过改革努力全面达到 CPTPP 规则标准[EB/OL].(2022-02-17)[2022-02-17].https://www.thepaper.cn/newsDetail_forward_16736742.
② 任宏达.数字贸易国际规则的多元发展与中国元素——以中国申请加入《数字经济伙伴关系协定》为视角[J].中国发展观察,2021(24):46.
③ PERNOT-LEPLAY E. China's approach on data privacy law: a third way between the U.S. and the EU?[J]. Penn state journal of law & international affairs,2020,8(1):49-117.

合制定并公布了《互联网信息服务算法推荐管理规定》，从网络信息社会的基本"建筑材料和结构"入手抓管理，成为在此领域推进治理的全球先行者。中国科学技术协会也在发挥联合国特别咨商的地位作用，积极参与全球技术治理规则的制定和体系的改革，为构建开放创新、互利共赢的技术发展生态作贡献。

(五)凝聚战略共识，促进建设性对话的展开

在第四次工业革命的背景下，中国技术外交的任务不仅在于基于共同利益促进相对优势的获得，还在于有针对性地管控由技术发展潜在风险或全球技术企业经营等引发的战略竞争分歧，以维持战略框架健康稳定，促进世界的安定和平，实现全球可持续发展。中国同世界各国一样，不可能完全预见未来的技术治理要求，也不认可对治理手段和路径概而论之。秉持人类命运共同体的理念，中国愿意与多国和多利益攸关方对话交流。特别是在应对一些国家基于零和思维实施的对华科技遏制战略方面，中国一方面抓紧实现核心技术安全可控，另一方面积极就具体问题进行商谈，从改善双边或多边关系做起，逐步寻求可以形成合力的突破口。例如，中国发掘与抓住"碳中和"重要机遇，不仅计划与欧盟建立环境与气候高层对话，打造中欧绿色合作伙伴关系，[①]也已经与美国共同发表《中美应对气候危机联合声明》，并在非官方层面有了丰富的人员和学术交流进展，彼此认可只有分享经验和技术才能实现全球绿色转型。中国电子技术标准化研究院还建立了碳达峰碳中和工作专班，调研了欧盟公布的落实2030年碳减排目标的一揽子提案、英国的《排放交易机制》和日本的碳循环技术路线图等，同时推进宏观政策和具体标准的制定，更好地与国际减排减碳工作接轨。[②]行动重于空谈，中国将持续开展对话合作，拓展建设性对话领域，为进一步深入战略合

---

① 陈晓径."碳中和"2060目标与中欧科技合作[J].科技中国，2021(2):7.
② 中国电子技术标准化研究院.碳达峰碳中和工作简报[R/OL].(2021-09-18)[2025-01-31]. https://www.cesi.cn/images/editor/20210918/20210918161342952.pdf.

作打开大门,为全球技术治理作出应有的贡献。

四、中国技术外交的政策建议

从实施层面来说,技术外交本身无所谓好坏,其能够普遍地为世界各国所接受并实现实质性发展的关键在于路径选择。从技术外交的发展阶段上来看,西方发达国家可能培育了技术外交萌生的土壤,但新兴经济主体和发展中国家也并未落后,几年内便开展了独具特色且更加灵活的技术外交实践,为第四次工业革命注入了新的动能,也是塑造全球技术治理不可小觑的力量。当下,全球技术治理体系尚未成形,以美国为首的"技术联盟"正在走上霸权的老路,将矛头重点指向中国,对中国进出口、企业甚至科研人员进行全面打压。而中国在这样关键的时期,肩负大国责任,在坚持科技自立自强的基础上,愿意与其他国家共享发展成果,欢迎其他国家搭乘中国发展的"便车"。解决技术外交的现实困境,不仅应牢记人类的共同需要,也应立足当下的世界政治现实,使技术外交与构建人类命运共同体更好地交融,将自我发展的路径与世界整体的价值观进行充分统一。

从构建人类命运共同体出发,立足当下的世界政治现实,切实发挥技术外交的效用,中国可从以下四个具体方面出发推行技术外交政策。

(一)发挥大国表率作用,展现大国担当

国家是最高组织形态的能动性主体,要解决全球治理问题,强大的国家能力仍是非常必要的。同时,主权原则也是人类命运共同体理念下应遵循的基本原则,各国只有在国内议题与全球议题产生联动效应的时候,才能够形成实现相关技术合作的必要推动力。目前,中美两国都分别制定了针对第四次工业革命相关技术领域的战略,特别是美国发布了将中国作为战略竞争对手的《2021年战略竞争法案》(The Strategic Competition Act of

2021),被称为是对华的"冷战宣言"。[①]中国仍旧是世界上最大的发展中国家,一直把民族复兴和富民强国作为国家发展的目标,技术的进步支持中国迈开前进的步伐,但国际合作发展与政策治理空间却遭到压缩;美国经济释放出复苏信号,但自主性还明显不足,因发起与中国的技术战略竞争,其自身也在技术产品供应链上出现了难题,经受着来自同盟和伙伴的怀疑与压力。就各自实际利益来说,两国早已形成打不断、拆不散的利益共同体;就联合应对气候变化、公共卫生事件、恐怖主义以及新兴技术带来的数字鸿沟和跨国网络犯罪等全球性问题而言,更应抛弃各自为营的"冷战"思维、保持合作,并站在人类可持续发展的角度推动技术向善。两国应从相互调适中寻求稳定合作关系,从一味竞争到注重相互依赖非常重要。中国在经济和技术能力等方面正在缩小与美国的差距,但这绝不意味着争霸和威胁。目前中国正在主动发声,努力向世界展现历史与文化中的可靠性和亲和力,展现和平崛起的智慧与可能,展现公正和可持续的发展道路。但仅仅塑造形象还不够,中国必须要有现实和未来的担当,以实际行动为世界各国作出表率,才能调动各国和其他国际行为主体的参与积极性,充分发挥中国技术外交的效能,让技术发展服务于共同需求,结出更多合作果实。

(二)深化多边和多利益攸关方融合机制改革

技术外交注重多类国际行为主体的参与,实际上从其缘起和性质上就兼容了多边主义和多利益攸关方治理模式的特征。从技术外交的实践来看,以美国为首的西方国家试图以其意识形态为旗帜,利用其在国际政治经济秩序中的传统优势,左右全球技术治理框架的构建。能否把握在机制建设和改革中的话语权,国家能力固然重要,也要看各国政府和多利益攸关方的建构方式是否具有普遍的号召力和示范效应,看制定的战略是否可以回应国际社会的共同问题并满足全球共同利益。这也是人类命运共同体所倡导的。

---

① 美智库文章:"战略竞争法案"是对华"冷战宣言"[EB/OL].(2021-05-20)[2021-07-17]. http://m.cankaoxiaoxi.com/column/20210520/2443945.shtml.

美国的技术霸权优势仍旧明显,但技术权力的兴起是与全球新兴技术主体的崛起相伴而生的,这有助于打破美国对关键技术研发和价值链的垄断。中国应探索多边和多利益攸关方融合的技术治理道路,不仅有助于降低直接的个体冲突风险,还可以增进行为主体间的协商共识,激励更多的全球性合作,共同解决已经存在的全球性问题。基于已有合作基础,中国一方面应逐步将技术议题和技术合作纳入已有的重要多边合作机制,为问题的讨论提供严肃而正式的平台;另一方面则要加强顶层设计,充分发挥多利益攸关方的角色特性,构筑开放且交融的互信框架,自觉主动地通过新外交途径来促进全球技术治理机制的转型建设。这样也有利于加强发展中国家的技术外交能力,提升其在全球治理体系中的话语权。同时,要认识到如今的全球技术治理也成为各国和各类国际行为主体博弈的新场所,治理机制的建设不只是简单的议题合作。面对改革的复杂性和长期性,各主体要结合自身利益和共同利益、国内形势和国际环境、民众关切和国家需要等要素,充分考量,必要时应厘清多重问题的轻重缓急,为建立更为稳定且灵活的机制框架打好基础。

(三)重视成熟国际组织和机制的作用

中国应持续重视联合国、G20 等国际组织和机制在技术议题中的倡议和监督作用。联合国是最具有普遍性和代表性的国际组织,是重要国际议题的引领者和全球合作的推动者。其人权事务工作、可持续发展目标、生态系统恢复十年倡议等均得到了各国的广泛认可,在国际社会的各个领域发挥着重要作用。近几年在科学技术领域,联合国及其框架内的组织机构逐步深入调研,积极促进多边展开对话,发挥自身的领导作用,推动全球技术治理机制建设。继 2019 年 6 月发布《相互依存的数字时代》(*The Age of Digital Interdependence*)报告后,联合国于 2020 年 6 月推出"数字合作路线图"(Roadmap for Digital Cooperation),站在更高的视角,进一步将"连接、尊重和保护数字时代的人们"的路径具体化。2021 年,《数字合作路线图》的实施情况得以公布,特别强调了一年以来在新冠疫情背景下科技向善的集体努力。联合国关于全球连通性的实施重点是采取"以人为本"的原则,不让任何人掉队,也正在为弥合数字鸿沟建立可衡量的循证基础。在联合国的倡议下,挪威和塞拉利昂政府、联合国儿童基金会、技术智囊团 iSPRIT 建立了"数字公共产品联盟"(Digital Public Goods Alliance),协商制定数字公共产品的标准并确保其符合"数字合作路线图"的规划,还与 GitHub 代码开源支撑平台、Omidyar Network 慈善组织等开展与技术伦理和人权相关的联合科研项目。[1]联合国对多方积极性的调动、多方资源的糅合和多方意见的纳入最具有代表性,值得中国和各国际行为主体学习借鉴。联合国多次将人类命运共同体写入其文件,还帮助更多新兴和发展中国家参与到全球技术治理规范和规则的制定中来,是落实治理体系适用性和实用性的主要角色,为人类携手共进发挥关键作用。

(四)加强自身外交和战略实施能力建设

推进中国特色技术外交,还应着眼于提升外交和战略实施能力。首先,顺应治理技术变革,拓展"智能外交"手段,搭建"智能外交"平台。大数据、云计算和人工智能技术不仅使得跨国、跨境和跨语言交流沟通与信息传播更加便捷,也能帮助获取、整理和甄别决策所需的全面且专业的资料,提升外交决策的科学性。近年来,中国已经能够将技术充分地应用于决策制定、社会治理和舆论监督的过程中,但还应继续注重建立人机结合的长效决策机制,使研判战略环境、界定战略利益、调动战略资源以及实施战略方案等外交谋划能力得到常态化的高效应用,[2]助力技术外交布局设计。其次,要完善外交体制机制建设,着眼于总体外交目标,统筹调配全领域外交资源,

---

[1] United Nations Office of the Secretary-General's Envoy on Technology. Implementing the secretary-general's roadmap for digital cooperation[R/OL].(2021-04)[2021-08-20]. https://www.un.org/techenvoy/sites/www.un.org.techenvoy/files/Update_on_Roadmap_implementation_April_2021.pdf.

[2] 凌胜利.中国外交能力建设:内涵与路径[J].国际问题研究,2022(2):22-23.

系统性保障中国技术外交的综合实施。就国家管理系统而言,党、政府、人大、军队等的对外交往工作应步调一致,统筹形成对外工作大协同的格局;[①]就组织分工而言,外交部、科技部、工信部和商务部等既应各司其职,也应在专业领域互相补充扶助,形成高效的联动机制;就外交领域而言,要注重政治、经济、科技、安全和环境保护等领域的共性问题和具体问题,详细分析竞合关系中的本质问题,做到通盘考虑、统一部署、整体推进,形成外交合力。[②]最后,提升外交战略执行能力,要注重数字经济的杠杆作用,强化与不同国际行为主体的数字经济利益联系,打造紧密的伙伴关系网和广泛的利益共同体。中国坚持认为发展是解决自身一切问题的基础。中国为数字经济的发展提供了良好的战略支持和政策环境,不仅数字基础设施建设成果突出,还在电子商务、数字金融、数据隐私保护、网络争端解决等具体领域都有所突破。作为全球第二大数字经济体,中国的发展也具备成为"世界发展新机遇"的体量规模和影响力。中国应在政府与市场协调、国内与国际联动作用下,尽快补齐关键技术领域和数字产业链条中的弱项,提升自主创新和产业集群的国际竞争力,还应与其他国家和国际行为主体加强顶层合作设计,实现标准和规则对接,进一步开辟战略合作空间,共享技术、市场和发展红利。与此同时,外交战略实施能力和外交执行能力的提升,还和机构职能分配与人员职业素养培训等有着更加直接的关系,其是将外交资源和全球公共产品恰当分配、投放以及进行宣传的组织和人力保障,有助于外交战略的合理制定、外交决策的顺利执行和外交活动的成功举办。

---

① 孙吉胜.理论、机制、能力:加强中国外交研究的思考[J].太平洋学报,2020,28(5):10.
② 罗建波.世界大变局下中国外交能力建设:目标与路径[J].云梦学刊,2022,43(1):6.

结　语

在第四次工业革命和世界政治变局的推动下,全球化与数字化继续深度融合发展。新技术强化了人类的命运相依,却也引发了新的全球性问题;更多的共同利益得到激发,但阻碍合作共治的因素也相继凸显。随着技术权力的兴起以及技术竞争的愈演愈烈,各国既迎来了合作推动国际经济社会发展的新契机,也要应对逐渐增多的竞争和对抗。因而,在数字时代的开篇,世界政治和外交形势已然呈现出一系列矛盾与未知。技术外交就是当下各国企图化解冲突、把握竞争优势、实施有效的技术监管并协调各类主体利益和步调的产物,亟待全面和系统地研究。

技术外交是一个不同于科技外交的新生外交类型,具有独立的概念定义,一方面是由于涉及数字化、智能化和网络化"新技术"的知识在社会中的独立性和重要性增加,特别是它们通用性的特点促进了全球社会的数字化转型,因而引发了外交方式、机构和组织文化等系列变化;另一方面是由于技术权力的兴起,各国不仅更加注重通过提升技术实力来获得技术权力,新兴技术主体也开始在世界政治中发挥出独特且重要的作用,特别是一些全球技术巨头公司更能够发挥其在解决全球技术问题中的专业引领作用,引发了以主权国家为外交对象的外交范式的变革。就外交的作用机制而言,新技术是权力变革的动因和权力竞争的工具,也是技术竞争的目的,外交是通过影响竞合关系实现权力变革的渠道;面对新的全球性技术问题,各国有维护共同利益的需要,但数字时代下彼此高度依赖的生存状态也孕育了新的冲突形式,外交需要在实践中平衡个体利益和共同利益;新技术的发展要求"旧"规范的变革和"新"规范的制定,技术标准和技术范式则是协商和建构的制度性事实,外交在新领域中的活动成为推进全球治理的一个过程。因此,技术外交在当下时代的重要性越发突出,得到了发达国家、发展中国家、国际组织等各种国际行为主体的重视,在不到十年的时间内发展成果较为突出。

近几年,一些国家或依托传统外交制度,或创新外交组织架构,逐步形成了致力于以技术实力、能力和潜力产生影响的技术外交理念,并开展了各具特色的技术外交实践。从共性出发,技术外交注重全球高新技术公司等新兴技术主体的专业和引领作用,具有目标的政治性、任务的全球性、组织的创新性、议题的广泛性和方式的多样性等主要特点。就技术外交的主要作用而言,高新技术巨头公司和新兴技术主体既是各国技术外交的主要对象,也是全球技术治理中的利益攸关方,其在引导议题走向和主动参与技术治理规则的制定等方面发挥了更加重要的作用。技术外交特别聚焦于对全球技术问题进行思考并意在解决实际的技术治理问题,逐步确立了其在国际关系和国际社会发展中的独特地位,有助于新兴国际行为主体参与全球技术治理,推进技术纳入社会治理体系并为其发展塑造有利的国际环境。以上是技术外交作为一种新兴独立的外交类型具有的综合性和共性的实施方式,但不同的国际行为主体践行技术外交的能力和对技术外交的认知不同,在实施技术外交时的行动充分体现了自身特点和需要。因此,笔者选取了美国、欧盟、韩国、丹麦、俄罗斯、印度和全球互联网反恐论坛,作为发达国家与地区、发展中国家和国际组织行为主体的样本,对其技术外交的实施展开分析,关注个体从能力到认知再到行动的具体进展。

技术外交也在发展的过程中不断被各种影响因素塑造。在宏观层面,由于世界格局中力量对比的变化和全球性问题的日趋严峻,技术外交的主体和客体也都在快速调整当中,它们试图在建立新的合作平台和更好地把握第四次工业革命机遇中抢占先机。在中观层面,虽然技术外交的桥梁性作用依然突出,但实践技术外交的国家主体在政治制度、外交决策机制和意识形态方面的不同,还是影响了它们开展技术外交的偏好,进而使选择外交对象、研判外交目标、制定外交战略和预测政策效果时技术外交所发挥的效果不尽相同。在微观层面,不论是国家的重要领导人和决策者,还是企业的高层领导人和决策者,他们在技术外交的活动中都发挥了显著作用。他们个人的一些经历和偏好对营造政策舆论和转变技术形象的影响尤其突出,可作用于技术外交的议题确立、协商走向以及技术治理机制和规则的建立。

通过对技术外交的理论基础、实践活动和影响因素进行分析,也可以初步对技术外交进行综合评价。经分析发现,各单一主体在技术外交中能够推动议题讨论进展的基础仍旧是实力,而且在诸多繁杂的利益和关系链条中,需厘清核心利益才能使目标明确。由于技术在权力、制度和规范层面发挥着作用,技术外交中也体现了大国之间、不同制度国家之间、发达国家与发展中国家之间,以及不同类型国际行为主体之间的新博弈,值得警惕。此外,技术外交中糅合了多边外交和多利益攸关方的交往模式,注重各主体发挥各自所长作出贡献才能更好地释放技术外交效能,并为完善全球技术治理体系服务。这为理解和实施技术外交提供了诸多经验启示。然而,需要注意的问题是,当下各国在应对涉及网络空间和关键技术领域的问题时仍缺乏合作精神,特别是美国以意识形态为标准建立排他性甚至排华性的"技术联盟",意欲拉大与技术能力落后国家之间的"技术鸿沟",维持其技术霸权。加之企业参与治理的合法性受到挑战,不同的国际行为主体间缺乏统一的话语标准和尺度,现阶段的技术外交作用有限,形成的国际倡议和规范尚缺乏强制性。

人类命运共同体不认可孤立和封闭的发展模式,不推崇唯我的价值创造,而是注重不同国家和行为主体根据其实力、能力和潜力肩负起实现人类共同利益的责任并作出贡献。人类命运共同体中还蕴含着对当下全球技术发展核心议题的关注。只有在推进第四次工业革命技术创新发展和构建人类命运共同体之间寻找交汇点并形成良性互动,才可更加有效地回应和解决这些核心议题。通过技术外交推进技术合作、缓解技术竞争、变革全球治理,也是实现构建人类命运共同体的重要步骤。从百年变局的背景和第四次工业革命的发展趋势来看,突破技术外交困局、切实发挥技术外交的效能,应以构建人类命运共同体为根本指导,各国不仅应跳出"非均势即霸权"国际秩序观的局限,直面人类的共同挑战、承担共同责任、树立共同价值,还应从实施层面评估路径选择,与能够肩任全球技术治理责任的国家和非国家行为主体同道而行。

当前,世界之变、时代之变、历史之变正以前所未有的方式展开。中国的技术外交既迎来了国内经济社会稳定发展,以及新技术革命蓬勃发展与世界逐步开放的机遇,也在有效管理中美关系、深入参与全球治理和塑造良好国际形象等方面面临困难,因此,现阶段的中国技术外交的实施目的主要在于拓展经济和技术合作空间、获取国际技术权力以及维护国家和企业的海外利益。作为负责任的数字大国和世界经济的"发动机",中国为世界树立了自主创新、自立自强的榜样,并在推行技术外交的过程中坚持开放包容和互惠共享的理念,在多个领域推进国际科技合作项目的签约和实施,并加快技术相关的制度建设,为第四次工业革命技术"向善"和"为民"发展营造良好生态。中国还不断从具体事务的建设性商谈和机制建设本身着手,特别是在与美国高层沟通对话中保持善意和诚意,努力合理管控战略竞争分歧,以增强技术外交的适应性和可控性,为其他国家和地区提供了可以参考的路径和经验。在制定技术外交政策的过程中,中国还应立足实际问题,督促大国发挥表率作用,改革全球技术治理机制,共商共建相关技术标准和规则,重视联合国等国际组织和机制的倡议与监督作用,并优先在生态环境领域打开技术合作的窗口。加强自身外交和战略实施能力建设也尤为重要,这是外交战略合理制定、外交决策顺利执行和外交活动成功举办的基本保障。总之,唯有坚持构建人类命运共同体,并在实践中不断形成建设性成果,才能让新技术革命真正为推动世界人民福祉和人类文明繁荣发展而服务,人类方可共绘全球技术治理的善治图景。

参考文献

一、专著与汇编

阿瑟.技术的本质:技术是什么,它是如何进化的[M].曹东溟,王健,译.杭州:浙江人民出版社,2014.

冯昭奎.科技革命与世界[M].北京:社会科学文献出版社,2018.

哈斯.失序时代:全球旧秩序的崩溃与新秩序的重塑[M].黄锦桂,译,北京:中信出版社,2017.

何亚非.选择:中国与全球治理[M].北京:中国人民大学出版社,2015.

赫尔德,等.全球大变革:全球化时代的政治、经济与文化[M].杨雪冬,等译.北京:社会科学文献出版社,2001.

胡安宁.宗教社会学:范式转型与中国经验[M].北京:社会科学文献出版社,2013.

胡翌霖.什么是技术[M].长沙:湖南科学技术出版社,2020.

华尔兹.人、国家与战争:一种理论分析[M].信强,译.上海:上海人民出版社,2012.

黄河.跨国公司与当代国际关系[M].上海:上海人民出版社,2008.

吉尔平.世界政治中的战争与变革[M].宋新宁,杜建平,译.上海:上海人民出版社,2019.

杰维斯.国际政治中的知觉与错误知觉[M].秦亚青,译.上海:上海人民出版社,2015.

柯克莱勒.欧盟外交政策[M].刘宏松,等译.2版.上海:上海人民出版社,2017.

库普坎.美国与中国务必处理好双方的高科技竞争[G]//王灵桂.70年中国发展与人类命运共同体建设——中外联合研究报告(No.8).北京:社会科学文献出版社,2021.

刘大椿,等.审度:马克思科学技术观与当代科学技术论研究[M].北京:中国人民大学出版社,2017.

刘大椿.自然辩证法概论[M].2版.北京:中国人民大学出版社,2008.

刘建飞,秦治来."非极化"的挑战:世界格局走势及其对大国关系的影响[M].北京:国家行政学院出版社,2013.

刘建飞,罗建波,孙东方,等.构建人类命运共同体:理论与战略[M].北京:新华出版社,2018.

刘建飞.引领:推动构建人类命运共同体[M].北京:中共中央党校出版社,2018.

罗西瑙.面向本体论的全球治理[G]//俞可平.全球化:全球治理.北京:社会科学文献出版社,2003.

米尔斯海默.大国政治的悲剧[M].王义桅,唐小松,译.修订版.上海:上海人民出版社,2021.

摩根索.国家间政治:权力斗争与和平[M].徐昕,郝望,李保平,译.北京:北京大学出版社,2006.

奈.硬权力与软权力[M].门洪华,译.北京:北京大学出版社,2005.

齐建华.影响中国外交决策的五大因素[M].北京:中央编译出版社,2010.

森索伊.新世界,权力与正义的构建[G]//王灵桂.70年中国发展与人类命运共同体建设——中外联合研究报告(No.8).北京:社会科学文献出版社,2021.

施瓦布.第四次工业革命[M].李菁,译.北京:中信出版社,2016.

史密斯,布朗.工具,还是武器?[M].杨静娴,赵磊,译.北京:中信出版社,2020.

斯特兰奇.国家与市场[M].杨宇光,等译.上海:上海世纪出版集团,2006.

唐晓,王为,王春英.当代西方国家政治制度[M].北京:世界知识出版社,2005.

吴国盛.什么是科学[M].广州:广东人民出版社,2016.

习近平.决胜全面建成小康社会 夺取新时代中国特色社会主义伟大胜利——在中国共产党第十九次全国代表大会上的报告[M].北京:人民出版社,2017.

习近平.论坚持推动构建人类命运共同体[M].北京:中央文献出版社,2018.

习近平.携手建设更加美好的世界——在中国共产党与世界政党高层对话会上的主旨讲话[M].北京:人民出版社,2017.

玄昕锡.国际经济新秩序下中国的转变和影响力:中国如何为命运共同体铺路?[G]//王灵桂.70年中国发展与人类命运共同体建设——中外联合研究报告(No.8).北京:社会科学文献出版社,2021.

张宇燕.习近平新时代中国特色社会主义外交思想研究[M].北京:中国社会科学出版社,2019.

赵刚.科技外交的理论与实践[M].北京:时事出版社,2007.

郑永年.技术赋权[M].邱道隆,译.北京:东方出版社,2014.

中华人民共和国国民经济和社会发展第十四个五年规划和2035年远景目标纲要[M].北京:人民出版社,2021.

BJOLA C, HOLMES M. Digital diplomacy: theory and practice[M]. London: Routledge, 2015.

BOUND K. Innovating together? the age of innovation diplomacy

[M]//DUTTA S,et al. The global innovation index 2016: winning with global innovation. Ithaca: Cornell University Press,2016.

CHAKRAVORTY S, KAPUR D, SINGH N. The other one percentage: Indians in America[M]. Oxford: Oxford University Press, 2019.

DAVIS L S, PATMAN R G. Science diplomacy: new day or false dawn? [M]. Singapore: World Scientific, 2015.

GRAHAM L, DEZHINA I. Science in the new Russia:crisis, aid, reform[M].Bloomington: Indiana University Press, 2008.

HIERONYMI O. Technology and international relations [M]. London: The Macmillan Press, 1987.

HIGGOT R A, UNDERHILL G R D, BIELER A. Introduction: globalization and non-state actors[G]//HIGGOT R A, UNDERHILL G R D, BIELER A. Non-state actors and authority in the global system. London: Routledge, 2000.

JASANOFF S, KIM S H. Dreamscapes of modernity:sociotechnical imaginaries and the fabrication of power [M]. Chicago: University of Chicago Press, 2015.

JIANG Y. Social media and e-diplomacy in China: scrutinizing the power of weibo[M]. London: Palgrave Pivot, 2017.

KENNEDY S. Global governance and China: the dragon's learning curve[M]. London: Routledge, 2018.

MAZANEC B M. The evolution of cyber war:international norms for emerging-technology weapons [M]. Lincoln: University of Nebraska Press, 2015.

NEURELTER N. Cross cultural communication: science diplomacy [G]//VAFAI H A,LANSEY K E. Science and technology diplomacy: a focus on the Americas with lessons for the world. volume I. New York:

Momentum Press,2018.

NYE J S. The future of power[M].New York:Public Affairs,2011.

SCHWAB K. The fourth industrial revolution[M]. New York: Currency Books,2017.

SCHWEITZER G E. Techno-diplomacy:US-Soviet confrontations in science and technology[M].Berlin:Springer,2013.

WEBER L. Everywhere:comprehensive digital business strategy for the social media era[M].Hoboken:John Wiley & Sons,2011.

二、期刊

白洋帆,颜旭.西方文明观的性格缺陷与实践困境——兼论人类命运共同体理念的历史超越[J].马克思主义哲学论丛,2020(3):237-247.

蔡翠红.高科技跨国公司的全球影响力探究[J].人民论坛,2019(34):34-37.

蔡翠红.科技本位主义的潮流与动因[J].人民论坛,2019(35):40-43.

蔡翠红,戴丽婷.第四次工业革命与外交变革探究[J].国际政治科学,2021,6(2):122-151.

曹嘉涵,崔艳.全球技术革命中的可持续性标准与对华影响[J].国际展望,2022,14(2):59-77,151-152.

陈焕根,奚玉畴.科学技术开放则荣封闭则衰[J].湖北大学学报(哲学社会科学版),1988(4):89-92.

陈倩,李红.新世纪以来科技外交国内文献综述[J].全球科技经济瞭望,2020,35(11):70-76.

陈强强.中国深度参与全球科技治理的机遇、挑战及对策研究[J].山东科技大学学报(社会科学版),2020,22(2):1-12.

陈曙光.政治话语的西方霸权:生成与解构[J].政治学研究,2020(6):37-

45,126.

陈潭,王鹏.大数据驱动公共卫生应急治理的智慧表征与实践图景[J].电子政务,2021(6):85-99.

陈锡喜.人类命运共同体:以科技革命为维度的审视[J].内蒙古社会科学(汉文版),2018,39(5):23-28,2.

陈晓径."碳中和"2060目标与中欧科技合作[J].科技中国,2021(2):4-8.

陈玉刚.范式转换与新国际关系议程[J].国际观察,2009(5):17-23.

丛培影,黄日涵.网络空间冲突的治理困境与路径选择[J].国际展望,2016,8(1):98-116,156.

崔荣伟.中国参与塑造国际规范:需求、问题与策略[J].国际关系研究,2015(3):38-47,153-154.

崔永杰."科学技术即意识形态"——从霍克海默到马尔库塞再到哈贝马斯[J].山东师范大学学报(人文社会科学版),2007(6):68-73.

科利尔,艾德科克,李辉.民主与二分法:一个概念选择的实用主义路径[J].比较政治学前沿,2014(1):111-128.

席勒,翟秀凤,刘烨,等.信息传播业的地缘政治经济学[J].国际新闻界,2016,38(12):16-35.

樊鹏,李妍.驯服技术巨头:反垄断行动的国家逻辑[J].文化纵横,2021(1):20-30,158.

范菊华.规范与国际制度安排:一种建构主义阐释[J].现代国际关系,2002(10):56-60,40.

冯江源.高科技发展与当代国际政治的改组和转型[J].欧洲研究,1995(2):13-21.

冯玉军,陈宇.大国竞逐新军事革命与国际安全体系的未来[J].现代国际关系,2018(12):12-20.

彼得罗夫斯基,徐博,萨福洛诺娃,等.俄罗斯智库专家论新形势下中俄合作[J].东北亚论坛,2023,32(5):19-39,127.

高奇琦.人工智能、四次工业革命与国际政治经济格局[J].当代世界与社会主义,2019(6):12-19.

高奇琦.智能革命背景下的世界之问与智能发展倡议[J].人民论坛·学术前沿,2022(21):21-29.

高奇琦,陈志豪.从安全困境到全球治理:量子科技的国际政治博弈[J].国际展望,2021,13(4):49-72,154.

高祖贵.构建人类命运共同体 为人类发展和世界前途提供中国方案[J].中国党政干部论坛,2020(6):30-34.

贵重,何鹏,何瑛,等.网信安全政策法律动态观察[J].电信工程技术与标准化,2021,34(5):10-13.

何哲.后疫情时代全球治理的挑战、趋势与对策[J].行政管理改革,2020(10):43-52.

侯红育.瓦森纳安排的缘起与发展[J].国际论坛,2005(4):1-6,79.

胡春立,赵建军.技术范式的结构及其制度属性分析[J].科学技术哲学研究,2021,38(2):72-77.

黄何,张宏丽,方洪.国外技术标准战略经验及其对广东的启示[J].科技管理研究,2021,41(4):19-24.

黄河,周骁.超越主权:跨国公司对国际政治经济秩序的影响与重塑[J].深圳大学学报(人文社会科学版),2022,39(1):107-120.

黄仁伟.中美战略相持阶段与战役缓冲[J].国际关系研究,2022(2):3-13,155.

贾开,赵静,周可迪.算法全球治理:理论界定、议题框架与改革路径[J].中国行政管理,2022(6):59-65.

姜声鹤.韩国外交政策的困境:国家安全与国家统一目标的定义[J].当代韩国,2018(1):129.

靳风.中美关系中的"灰色地带"问题:挑战与管控[J].国际论坛,2020,22(2):78-92,158.

阚道远.美国"网络自由"战略评析[J].现代国际关系,2011(8):18-23.

李渤."印太战略"与印度的安全理念[J].人民论坛·学术前沿,2019(12):91-97.

李博一.百年变局下的中国外交思维:历时与共时之间[J].学术探索,2022(9):48-63.

李丹.韩国第四次科学技术基本计划浅析及对我国的启示[J].全球科技经济瞭望,2018,33(4):8-17,45.

李丹.韩国科技创新体制机制的发展与启示[J].世界科技研究与发展,2018,40(4):399-413.

李德芳,李卫红.全球化时代的公共外交——权力变迁视角的分析[J].聊城大学学报(社会科学版),2010(3):30-34.

李星.冷战时代对社会主义阵营的遏制 巴黎统筹委员会的前世今生[J].国家人文历史,2020(4):108-115.

李峥.美国推动中美科技"脱钩"的深层动因及长期趋势[J].现代国际关系,2020(1):33-40,32,60.

林娴岚.技术民族主义与美国对苏联、日本的高技术遏制[J].世界经济与政治,2021(12):130-154,159-160.

凌胜利.中国外交能力建设:内涵与路径[J].国际问题研究,2022(2):20-36,153-154.

刘常喜,毛博.全球治理困境之殇与中国方案[J].延安大学学报(社会科学版),2022,44(2):22-26,45.

刘建飞.意缘政治的现实及发展趋势[J].太平洋学报,2021,29(7):13-26.

刘进田.论人类命运共同体的价值主体结构、哲学建构方法及其意义[J].观察与思考,2017(11):24-37.

刘磊.双层范式与科学传统改变——库恩科学革命理论的新解读[J].自然辩证法通讯,2016,38(4):121-124.

刘亮.美国文化中的开拓精神对科技创新的影响[J].安徽科技,2013(4):55-56.

刘鸣.国际规范视域下的中美新型大国关系构建[J].中国社会科学院国际研究学部集刊,2016(1):82-101.

刘杨钺,张旭.网络空间命运共同体:本体特征与建构路径[J].理论界,2020(5):98-104.

刘杨钺.技术变革与网络空间安全治理:拥抱"不确定的时代"[J].社会科学,2020(9):41-50.

刘益东.竞争方式陷阱与匿名核袭击:科技重大风险治理的当务之急[J].山东科技大学学报(社会科学版),2021,23(1):1-4.

刘贞晔.俄乌冲突下全球治理面临的问题与挑战[J].世界知识,2022(12):16-19.

柳丰华.当代俄罗斯外交:理论兴替与政策承变[J].俄罗斯东欧中亚研究,2022(4):61-72,160.

罗晖.中国科技外交40年:回顾与展望[J].人民论坛·学术前沿,2018(23):55-65.

罗晖,李政.关于科技外交的学理分析:内涵、特点、策略等[J].今日科苑,2021(4):25-29.

罗晖.以人类命运共同体理念重构科技外交战略的思考[J].科技导报,2021,39(6):9-17.

罗建波.世界大变局下中国外交能力建设:目标与路径[J].云梦学刊,2022,43(1):1-14.

毛维准,刘一燊.数据民族主义:驱动逻辑与政策影响[J].国际展望,2020,12(3):20-42,154.

闵京基,潜伟.1960年以来韩国科学技术政策的发展历程[J].科学学研究,2003(6):603-610

秦绪军.美国科技创新资源配置导向及相关创新计划[J].中国科技奖

励,2015(9):71-73.

秦亚青,魏玲.新型全球治理观与"一带一路"合作实践[J].外交评论(外交学院学报),2018,35(2):1-14.

青山贞一,范作申.技术革新与技术外交[J].国外社会科学,1984(2):48.

任宏达.数字贸易国际规则的多元发展与中国元素——以中国申请加入《数字经济伙伴关系协定》为视角[J].中国发展观察,2021(24):46-48,52.

任天威."数字丝绸之路":数字国际合作路径与理念创新探析[J].公共外交季刊,2020(4):82-89,122.

任远喆,波乔拉,周幻.数字化与当代外交的转型——基于组织文化理论的视角[J].外交评论(外交学院学报),2019,36(1):1-27.

尚劝余.国际关系层次分析法:起源、流变、内涵和应用[J].国际论坛,2011,13(4):50-53,80-81.

沈逸.ICANN治理架构变革进程中的方向之争:国际化还是私有化?[J].汕头大学学报(人文社会科学版),2016,32(6):61-68.

史安斌,张耀钟.数字化公共外交:理念、实践与策略的演进[J].青年记者,2020(7):78-81.

舒建中.美国与国际制度:技术权力的视角[J].美国问题研究,2019(1):111-126,215-216.

宋伟.世界政治变迁的根本动力与作用机制[J].中国人民大学学报,2021,35(1):10-20.

宋志艳.关于西方外交决策理论与模式的思考[J].大连大学学报,2016,37(1):72-79.

苏竣,董新宇.科学技术的全球治理初探[J].科学学与科学技术管理,2004(12):21-26.

粟锋.从"自由人联合体"到"人类命运共同体"——马克思主义国际关系理论的发展历程与逻辑[J].甘肃理论学刊,2023(1):58-66,2.

孙海燕,辛仁杰.印度科技外交模式、特点和启示[J].南亚研究,2019(1):82-100,147-148.

孙吉胜."人类命运共同体"视阈下的全球治理:理念与实践创新[J].中国社会科学评价,2019(3):121-130,144.

孙吉胜.理论、机制、能力:加强中国外交研究的思考[J].太平洋学报,2020,28(5):1-13.

唐润华,曹波.人类命运共同体视阈下中国对外话语体系的时代特征[J].现代传播(中国传媒大学学报),2019,41(7):33-37.

唐新华.美国对华科技遏制战略趋势观察[J].中国信息安全,2020(8):68-70.

唐新华.西方"技术联盟":构建新科技霸权的战略路径[J].现代国际关系,2021(1):38-46,64.

唐新华.技术政治时代的权力与战略[J].国际政治科学,2021,6(2):59-89.

田江太.人类命运共同体:一种新型全球性文明的开创[J].中国矿业大学学报(社会科学版),2021,23(2):27-35.

王存刚,刘洋.论英国的数字外交:以GREAT行动为例[J].世界经济与政治论坛,2020(2):78-92.

王磊.美国对华人工智能战略竞争的逻辑[J].国际观察,2021(2):103-126.

王林聪.全球性问题对中东地区发展的影响[J].当代世界,2021(6):62-67.

王伯鲁.技术权力问题解析[J].科学技术哲学研究,2013,30(6):41-45.

王罗汉.从科学、技术、创新三大全球化趋势分析美国技术出口管制的影响[J].全球科技经济瞭望,2019,34(3):72-76.

王世渝.数字经济驱动第三次全球化[J].经济,2020(6):36-37.

王岩,殷文贵."人类命运共同体"理念生成的四重逻辑[J].西南民族大学学报(人文社科版),2018,39(8):185-191.

王逸舟.试论科技进步对当代国际关系的影响[J].欧洲研究,1994(1):4-6.

王友明.金砖国家的全球治理观与合作前景[J].当代世界,2022(7):34-39.

王远.社交网站的传播特点与经营管理模式研究[J].新闻传播,2013(10):232-233.

王梓元.崛起国的大战略:竞争、合作与正当化[J].中国国际战略评论,2020(2):204-213.

王梓元.地位政治与中国崛起的地位伸张[J].外交评论(外交学院学报),2021,38(1):47-69,5-6.

吴昊.美国战略思维中的"使命观"[J].国际政治研究,1998(2):84-90.

吴志成,王慧婷.全球治理体系面临的挑战与中国的应对[J].天津社会科学,2020(3):65-70.

吴志成,吴宇.人类命运共同体思想论析[J].世界经济与政治,2018(3):4-33,155-156.

武琼.乌克兰危机中网络空间对抗的影响及启示[J].俄罗斯东欧中亚研究,2023(3):84-104,159-160.

肖翔,吕钰涛,靳亚茹.韩国金融科技监管进展及启示[J].清华金融评论,2020(11):93-94.

谢迪斌,郭培基.论人类命运共同体思想对国际政治哲学的创新[J].社会主义研究,2021(5):155-162.

谢磊.人工智能时代的恐怖主义:挑战与应对[J].和平与发展,2021(2):115-133,137.

邢丽菊,赵婧.国际话语权视域下的中国国家形象建设:挑战与对策[J].东北亚论坛,2021,30(3):111-126,128.

徐培喜.网络空间国际规则辩论:五个领域的变迁[J].信息安全与通信

保密,2020(1):17-21.

徐培喜.2020数字冷战元年:网络空间全球治理的两种路线之争[J].信息安全与通信保密,2021(3):16-23.

徐秀军.规则内化与规则外溢——中美参与全球治理的内在逻辑[J].世界经济与政治,2017(9):62-83,158.

薛澜,关婷.多元国家治理模式下的全球治理——理想与现实[J].政治学研究,2021(3):65-77,161-162.

闫欣,刘友田."科学技术即意识形态"——哈贝马斯科学技术意识形态理论探微[J].学理论,2021(3):46-48.

阎学通.权力中心转移与国际体系转变[J].当代亚太,2012(6):4-21,154.

阎学通.新冠肺炎疫情为去全球化提供合理性[J].国际政治科学,2020,5(3):4-7.

阎学通,徐舟.数字时代初期的中美竞争[J].国际政治科学,2021,6(1):24-55.

杨洁勉.当前国际格局变化的特点和全球治理体系建设的方向[J].欧洲研究,2022,40(3):1-17,165.

姚剑文.中国政治体制改革与西方政治制度模式的冲突和融汇——基于现代民主制度复合性视角的思考[J].江海学刊,2018(1):132-137.

姚远,方文青.科技革命与全球治理新议题——"南京论坛2021"国际关系分论坛综述[J].亚太安全与海洋研究,2022(2):86-97,6.

尹楠楠,刘国柱.美国新兴技术治理的理念与实践[J].国际展望,2021,13(2):103-119,156-157.

殷文贵.批判与重塑:全球治理体系的内在缺陷及其变革转向[J].社会主义研究,2021(5):163-172.

于海洋,马跃.新铁幕抑或新冷战:美中关系现状及中国应对之道[J].社会科学,2020(4):15-27.

于新.哈贝马斯"科学技术即是意识形态"评析[J].长白学刊,2001(1):63-64.

张爱军,孙玉寻.算法权力及其国家能力形塑的主体透视[J].学术月刊,2021,53(12):96-105.

张佳佳,王晨光.中国北极科技外交论析[J].世界地理研究,2020,29(1):63-70.

张蛟龙.大国战略竞争与美国对非科技外交[J].中国非洲学刊,2021,2(3):116-133,159.

张瑾,杨彩霞,万劲波.全球科技治理格局下的开放创新体系建设[J].科技导报,2020,38(5):6-12.

张乐.新兴技术风险的挑战及其适应性治理[J].上海行政学院学报,2021,22(1):13-27.

张其仔,贺俊.第四次工业革命的内涵与经济效应[J].人民论坛,2021(13):74-77.

张倩雨.技术权力、技术生命周期与大国的技术政策选择[J].外交评论(外交学院学报),2022,39(1):59-88,6.

张锐,钱霖亮.电商外交:概念界定与中国实践[J].国际关系研究,2020(6):20-40,152-153.

张小伟,夏青.中国科技外交的过程分析——以与哥斯达黎加关系为例[J].全球科技经济瞭望,2019,34(2):50-55.

张翼燕.美国科技政策的"四项基本原则"[J].全球科技经济瞭望,2015,30(1):18-22,38.

张永华.浅议科学技术对国际关系的作用[J].当代世界与社会主义,1996(S1):42-43.

张宇燕.后疫情时代的世界格局:"三超多强"?[J].世界经济与政治,2021(1):1.

赵刚,张孟军.科技外交应纳入国家外交战略[J].创新科技,2008(4):

25-27.

赵可金.非传统外交:当代外交理论的新维度[J].国际观察,2012(5):7-14.

赵可金.非传统外交:外交社会化及其后果[J].世界经济与政治,2013(2):99-117,158-159.

赵瑞琦.建构网络恐怖主义治理的国际规范——一种新自由制度主义的分析框架[J].吉首大学学报(社会科学版),2020,41(4):85-96.

赵义良,关孔文.全球治理困境与"人类命运共同体"思想的时代价值[J].中国特色社会主义研究,2019(4):101-106.

郑泽民,邓颖颖.21世纪西方科学外交的内涵、概念、功能与困境[J].太平洋学报,2021,29(3):12-23.

中国现代国际关系研究院课题组,陈向阳.世界"百年未有之大变局"全面展开[J].现代国际关系,2020(1):19-25,18,59.

钟爱军,张天.试论西方政治制度模式的局限性——兼论为什么中国"绝不能照搬西方政治制度模式"[J].科学社会主义,2015(5):148-151.

钟慧容.构建人类命运共同体的三个基本问题辨析[J].福建论坛(人文社会科学版),2019(9):22-29.

钟义信.范式革命:人工智能基础理论源头创新的必由之路[J].人民论坛·学术前沿,2021(23):22-40.

周博.在美华人与印度人职场成就比较研究[J].广西民族大学学报(哲学社会科学版),2021,43(6):28-33,93.

朱莉欣,武兰.网络空间安全视野下的《塔林手册2.0》评价[J].信息安全与通信保密,2017(7):65-71.

朱振明.美国数字外交演变的政治传播学分析[J].阴山学刊,2010,23(6):60-66.

American Association for the Advancement of Science. AAAS Washington fellowships place scientists, engineers in year-long assignments on science, diplomacy, and security[J]. Science, 1990, 250(4981): 698.

ASRANI C. Spanning the digital divide in India: barriers to ICT adoption and usage[J]. Journal of public affairs, 2021:2598.

BARRINHA A, RENARD T. Cyber-diplomacy: the making of an international society in the digital age[J]. Global affairs, 2017, 3(4-5): 353-364.

BERG L P. Science diplomacy networks[J]. Politorbis, 2010, 49(2): 69-74.

BRADFORD A. The Brussels effect[J]. Northwestern university law review, 2021,107(1).

COE K, GRIFFIN R A. Marginalized identity invocation online: the case of president Donald Trump on Twitter[J]. Social media + society, 2020,6(1):1-12.

DREZNER D W. Technological change and international relations[J]. International relations, 2019,33(2):286-303.

FEDOROFF N V. Science diplomacy in the 21st century[J]. Cell, 2009, 136(1): 9-11.

FINNEMOREF M, SIKKINK K. International norm dynamics and political change[J]. International organization, 1998, 52(4): 887-917.

HUDDLE F P. Science, technology, U.S. diplomacy: history and 1978 legislation[J]. Technological forecasting and social change, 1980, 17(4): 353-363.

JIANG H, GAO S, ZHAO S, et al. Competition of technology standards in industry 4.0: an innovation ecosystem perspective[J]. Systems research and behavioral science, 2020, 37(4): 772-783.

KLYNGE C, EKMAN M, WAEDEGAARD N J. Diplomacy in the digital age:lessons from Denmark's techplomacy initiative[J]. The hague journal of diplomacy, 2020, 15(1-2): 185-195.

LEIJTEN J. Exploring the future of innovation diplomacy[J]. European journal of futures research, 2017, 5(1):20.

LESHNER A I, TUREKIAN V. Chinese science on the move[J]. Science, 2007, 318(5856): 1523.

MALIK M. Technopolitics: how technology shapes relations among nations[J]. The interface of science, technology & security, 2012, 12: 21-29.

MATTLI W, BÜTHE T. Setting international standards: technological rationality or primacy of power? [J] World politics, 2003, 56(1): 1-42.

PERNOT-LEPLAY E. China's approach on data privacy law: a third way between the U.S. and the EU? [J]. Penn state journal of law & international affairs, 2020, 8(1):49-117.

PHILBECK T, DAVIS N. The fourth industrial revolution: shaping a new era[J]. Journal of international affairs, 2018, 72(1):17-22.

RAY T, DEO A. Priorities for a technology foreign policy for India [J]. ORF issue brief, 2020(403): 1-20.

RUFFINI P B. France's science diplomacy[J]. Science & diplomacy, 2020, 9(2).

SLAUGHTER M J, MCCORMICK D H. Data is power Washington needs to craft new rules for the digital age[J]. Foreign affairs, 2021, 100 (3): 54-62.

SINGER. J D. The level-of-analysis problem in international relations [J]. World politics, 1961, 14(1): 77-92.

SZKARŁAT M. Science diplomacy of Poland[J]. Humanities and social sciences communications, 2020, 7(1): 1-10.

TANNENWALD N. The nuclear taboo: the United States and the

normative basis of nuclear non-use[J]. International organization, 1999, 53 (3): 433-468.

TURCHETTI S, LALLI R. Envisioning a "science diplomacy 2.0": on data, global challenges, and multi-layered networks[J]. Humanities and social sciences communications, 2020, 7(1): 1-9.

WALTZ K N. Nuclear myths and political realities[J]. The American political science review, 1990,84(3):731 – 745.

WEISS C. How do science and technology affect international affairs?[J]. Minerva, 2015, 53(4): 411-430.

WISEMAN G. Bring diplomacy back in: time for theory to catch up with practice[J]. International studies review, 2011, 13(4): 710-713.

三、学位论文

范瑞莹.中国共产党科技外交实践与理论研究[D].郑州:郑州大学,2011.

宋志艳.中国外交决策机制研究[D].北京:中共中央党校,2017.

四、报纸

丹麦欲加强与我国外交[N/OL].经济参考报,2018-02-08[2021-01-20]. http://finance.sina.com.cn/roll/2018-02-08/doc-ifyrkrva4908393.shtml.

高祖贵.新征程上不断开创中国特色大国外交新境界[N].学习时报,2022-12-09(A1-A2).

高祖贵.人类命运共同体理念的丰富意蕴和重大价值[N].人民日报,2023-05-22(9).

刘霞.美科技五巨头疯狂砸钱的前沿技术[N].科技日报,2022-03-16(4).

商务部:新冠肺炎疫情爆发以来已与外资企业、外国商会开展对话超100场[N/OL].潇湘晨报,2021-05-28[2021-08-14].https://baijiahao.baidu.com/s?id=1700976555879569476&wfr=spider&for=pc.

石海明,曾华锋,刘一鸣.战略前沿技术与国家安全[N].光明日报,2018-05-08(14).

王存刚.数字外交的历史考察与未来趋势[N/OL].中国社会科学报,2016-08-11[2021-04-05].http://www.cssn.cn/gj/gj_gwshkx/gj_zz/201608/t20160811_3158544.shtml.

习近平.让美好愿景变为现实——在金砖国家领导人约翰内斯堡会晤大范围会议上的讲话[N].人民日报,2018-07-27(3).

习近平.加强政党合作 共谋人民幸福——在中国共产党与世界政党领导人峰会上的主旨讲话[N].光明日报,2021-07-07(2).

中国社会科学院世界经济与政治研究所,中国社会科学院国家全球战略智库.2022年全球十大趋势展望[N/OL].光明日报,2022-01-14[2022-12-05].https://epaper.gmw.cn/gmrb/html/2022-01/14/nw.D110000gmrb_20220114_1-12.htm.

五、报告

阿里巴巴集团.2021阿里巴巴碳中和行动报告[R/OL].(2021-12-17)[2025-01-31].https://sustainability.alibabanews.com/download/Alibaba%20Group%20Carbon%20Neutrality%20Action%20Report_20211217_SC_Final.pdf.

中国电子技术标准化研究院.碳达峰碳中和工作简报[R/OL].(2021-09-18)[2025-01-31].https://www.cesi.cn/images/editor/20210918/20210918161342952.pdf.

中国信息通信研究院.全球数字经济白皮书——疫情冲击下的复苏新曙

光[R/OL].(2021-08)[2025-01-30]. http://www.caict.ac.cn/kxyj/qwfb/bps/202108/P020210913403798893557.pdf.

Department of Foreign Affairs and Trade. Australia's international cyber and critical tech engagement strategy[R/OL].(2021-04)[2021-08-20]. https://www.dfat.gov.au/sites/default/files/international-cyber-critical-technology-engagement-strategy-2021.pdf.

BJOLA C. Adapting diplomacy to the digital age: managing the organisational culture of ministries of foreign affairs[R/OL].(2017-03)[2021-01-09].https://www.swp-berlin.org/fileadmin/contents/products/arbeitspapiere/WP_Diplomacy21_No9_Corneliu_Bjola_01.pdf.

BSR. Human rights assessment: global internet forum to counter terrorism[R/OL].(2021-07)[2024-12-15]. https://gifct.org/wp-content/uploads/2021/07/BSR_GIFCT_HRIA.pdf.

Center for Tech Diplomacy at Purdue. Center for tech diplomacy 2021 annual report[R/OL].(2023-09-14)[2025-01-30]. https://techdiplomacy.org/wp-content/uploads/2023/09/Center-for-Tech-Diplomacy-2021-Annual-Report.pdf.

Council of the European Union. Council conclusions on cyber diplomacy[R]. Brussels: Council of the European Union,2015.

European Center for Digital Competitiveness. Digital riser report 2021[R/OL].(2021)[2022-08-02].https://digital-competitiveness.eu/wp-content/uploads/Digital_Riser_Report-2021.pdf.

FINDLAY M, REMOLINA N. Regulating personal data usage in Covid-19 control conditions[R].Singapore: SMU Centre for AI & Data Governance, 2020.

FISCHER K, MOURITZEN H. Danish foreign policy review 2018[R].Copenhagen: Danish Institute for International Studies, 2018.

FRANKE U. Artificial intelligence diplomacy: artificial intelligence governance as a new European Union external policy tool[R/OL]. (2021-06)[2022-08-01]. https://www.europarl.europa.eu/RegData/etudes/STUD/2021/662926/IPOL_STU(2021)662926_EN.pdf.

FRANKE U, TORREBLANCA J I. Geo-tech politics: why technology shapes European power[R/OL]. (2021-07)[2022-10-26]. https://ecfr.eu/wp-content/uploads/Geo-tech-politics-Why-technology-shapes-European-power.pdf.

Global Internet Forum to Counter Terrorism. GIFCT annual report[R/OL]. (2021-12)[2021-12-15]. https://gifct.org/wp-content/uploads/2021/12/GIFCT-Annual-Report-2021-PV.pdf.

HASANGANI S. Tech giants, "techplomacy" and mitigating online radicalization: lessons for Sri Lanka[R/OL]. (2020-02-10)[2021-01-25]. https://lki.lk/publication/tech-giants-techplomacy-and-mitigating-online-radicalization-lessons-for-sri-lanka.

HOREJSOVA T, ITTELSON P, KURBALIJA J. The rise of techplomacy in the bay area[R]. Geneva: DiploFoundation and the Geneva Internet Platform, 2018.

European Center for Digital Competitiveness. Digital riser report 2021[R/OL]. (2021)[2022-08-02]. https://digital-competitiveness.eu/wp-content/uploads/Digital_Riser_Report-2021.pdf.

JACOBSON B R, HÖNE K E, KURBALIJA J. Data diplomacy: updating diplomacy to the big data era[R]. Geneva: Diplo-Foundation, 2018.

KEHL D, BULLEN G, MORGUS R, et al. Visualizing swing states in the global internet governance debate[R/OL]. (2014-10-20)[2022-07-22]. https://djjpd1zrse29k.cloudfront.net/cyber-global/visualizing-swing-states-in-the-global-internet-governance-debate.

KOPPELMAN B, DAY N, DAVISON N, et al. New frontiers in science diplomacy: navigating the changing balance of power[R]. London: The Royal Society, 2010.

LEWIS J. Economic impact of cybercrime—no slowing down[R/OL]. (2018-02)[2020-09-30]. https://csis-website-prod.s3.amazonaws.com/s3fs-public/publication/economic-impact-cybercrime.pdf.

LEWIS J A. Technological competition and China[R/OL]. (2018-11-30)[2022-06-14]. https://csis-website-prod.s3.amazonaws.com/s3fs-public/publication/181130_Technological_Competition_and_China.pdf.

National Intelligence Council. Global trends 2040: a more contested world[R/OL]. (2021-03)[2022-08-04]. https://www.dni.gov/files/images/globalTrends/GT2040/GlobalTrends_2040_for_web1.pdf.

NIST Big Data Public Working Group, Definitions and Taxonomies Subgroup. NIST big data interoperability framework: volume 1, definitions[R/OL].(2018-06)[2025-01-31]. https://nvlpubs.nist.gov/nistpubs/SpecialPublications/NIST.SP.1500-1r1.pdf.

RIORDAN S, JARRIN M T. A G20 tech diplomacy[R/OL]. (2021-09-15)[2025-01-31]. https://www.t20italy.org/2021/09/15/a-g20-tech-diplomacy/.

RUNGIUS C. S4D4C—Using science for/in diplomacy for addressing global challenges[R/OL]. (2018-06)[2025-01-28].https://www.s4d4c.eu/wp-content/uploads/2018/08/S4D4C_State-of-the-Art_Report_DZHW.pdf.

SAMUELSEN A. The international situation and Danish foreign policy in 2017[R]//FISCHER K, MOURITZEN H. Danish foreign policy review 2018. Danish:Danish Institute for International Studies, 2018.

SEAMAN J. China and the new geopolitics of technical standardization[R/OL]. (2020-01)[2022-10-19]. https://www.wita.org/wp-content/uploads/2020/01/seaman_china_standardization_2020.pdf.

Semiconductor Industry Association. 2021 State of the U.S. semiconductor industry[R/OL].(2021-09)[2022-07-25]. https://www.semiconductors.org/wp-content/uploads/2021/09/2021-SIA-State-of-the-Industry-Report.pdf.

SILVER L, HUANG C, CLANCY L. Negative views of China tied to critical views of its policies on human rights[R/OL].(2022-06-29)[2022-11-25].https://www.pewresearch.org/global/2022/06/29/negative-views-of-china-tied-to-critical-views-of-its-policies-on-human-rights.

STOKES J, SULLIVAN A, FITT J. Digital allies: deepening U.S. -South Korea cooperation on technology and innovation[R/OL].(2022-03-01)[2021-08-17].https://www.jstor.org/stable/resrep40315.

The Union of International Associations. Yearbook of international organizations 2021-2022[R/OL].(2021)[2021-12-20]. https://uia.org/sites/uia.org/files/misc_pdfs/pubs/yb_2021_vol5_lookinside.pdf.

United Nations Conference on Trade and Development. Science and technology diplomacy: concepts and elements of a work programme (UNCTAD/ITE/TEB/Misc.5)[R/OL].(2003)[2019-11-10]. https://unctad.org/system/files/official-document/itetebmisc5_en.pdf.

United Nations Conference on Trade and Development. Digitaleconomy report 2019[R/OL].(2019-09)[2020-10-11]. https://unctad.org/system/files/official-document/der2019_en.pdf.

United Nations Conference on Trade and Development. Digital economy report 2021[R/OL].(2021-09)[2022-08-11]. https://unctad.org/system/files/official-document/der2021_en.pdf.

United Nations Conference on Trade and Development. Global trade update[R/OL].(2021-11)[2021-12-10]. https://unctad.org/system/files/

official-document/ditcinf2021d4_en.pdf.

United Nations Educational, Scientific and Cultural Organization (UNESCO). 2021 UNESCO science report: the race against time for smarter development[R/OL]. (2021)[2022-07-22]. https://unesdoc.unesco.org/in/documentViewer.xhtml?v=2.1.196&id=p::usmarcdef_0000377433&file=/in/rest/annotationSVC/DownloadWatermarkedAttachment/attach_import_07223302-8f4a-4e99-9997-d370ea8d1818%3F_%3D377433eng.pdf&locale=en&multi=true&ark=/ark:/48223/pf0000377433/PDF/377433eng.pdf#%5B%7B%22num%22%3A13609%2C%22gen%22%3A0%7D%2C%7B%22name%22%3A%22XYZ%22%7D%2C-1%2C842%2C0%5D.

United Nations Office of the Secretary-General's Envoy on Technology. Implementing the secretary-general's roadmap for digital cooperation [R/OL]. (2021-04)[2021-08-20]. https://www.un.org/techenvoy/sites/www.un.org.techenvoy/files/Update_on_Roadmap_implementation_April_2021.pdf.

United Nations Office on Drugs and Crime. The use of the internet for terrorist purposes[R/OL]. (2012-09)[2021-04-13]. https://www.unodc.org/documents/frontpage/Use_of_Internet_for_Terrorist_Purposes.pdf.

World Economic Forum. Deep shift technology tipping points and societal impact[R/OL]. (2015-09)[2021-04-13]. https://www3.weforum.org/docs/WEF_GAC15_Technological_Tipping_Points_report_2015.pdf.

World Economic Forum. Global technology governance: a multistakeholder approach[R/OL]. (2019-10)[2025-01-28]. https://www3.weforum.org/docs/WEF_Global_Technology_Governance.pdf.

World Economic Forum. Global technology governance report 2021: harnessing fourth industrial revolution technologies in a COVID-19 world

［R/OL］.(2020-12)［2022-01-02］.https://www3.weforum.org/docs/WEF_Global_Technology_Governance_2020.pdf.

World Intellectual Property Organization. World intellectual property indicators 2021［R/OL］.（2021）［2022-10-20］. https://www.wipo.int/edocs/pubdocs/en/wipo_pub_941_2021.pdf.

World Intellectual Property Organization. Global innovation index 2022［R/OL］.(2022)［2022-10-10］. https://www.wipo.int/edocs/pubdocs/en/wipo-pub-2000-2022-section1-en-gii-2022-at-a-glance-global-innovation-index-2022-15th-edition.pdf.

六、电子资源

美智库文章:"战略竞争法案"是对华"冷战宣言"［EB/OL］.(2021-05-20)［2021-07-17］.http://m.cankaoxiaoxi.com/column/20210520/2443945.shtml.

邓桂华.风投规模不到美国1/20,德国如何努力缩小差距？［EB/OL］.(2018-07-19)［2021-01-25］.https://www.sohu.com/a/242143049_324617.

李峥.反恐新战场:社交媒体上的"反恐战"［EB/OL］.(2016-09-12)［2021-04-17］.http://ihl.cankaoxiaoxi.com/2016/0912/1302370.shtml.

鲁传颖.新科技革命与国际关系研究［EB/OL］.(2021-01-13)［2022-01-05］.http://www.siiss.org.cn/newsinfo/1076571.html.

李春顶.南财快评:中韩经贸合作将开启加速发展新引擎［EB/OL］.（2020-08-03）［2021-08-17］.https://new.qq.com/omn/20200803/20200803A0LT4400.html.

周頔.商务部:中方愿通过改革努力全面达到CPTPP规则标准［EB/OL］.(2022-02-17)［2022-02-17］.https://www.thepaper.cn/newsDetail_forward_16736742.

王利平.推进社会治理现代化 有力维护社会大局持续稳定[EB/OL].（2022-12-06）[2022-12-10]. http://fj.people.com.cn/n2/2022/1206/c181466-40221457.html.

习近平:高举中国特色社会主义伟大旗帜 为全面建设社会主义现代化国家而团结奋斗——在中国共产党第二十次全国代表大会上的报告[EB/OL].（2022-10-25）[2022-11-24］. http://www.news.cn/politics/cpc20/2022/10/25/c_1129079429.htm.

张弦.我们需要怎样的全球科技治理[EB/OL].（2020-08-28）[2021-05-01].https://www.xinhuanet.com/politics/2020-08/28/c_1126422801.htm.

AARUP S A. TechPlomacy:a laboratory in diplomacy [EB/OL].（2019-04-25）[2020-08-10］. http://www.polemics-magazine.com/tech-env/techplomacy-france-bulgaria-denmark.

AI and diplomacy:opportunities and challenges in the digital age[EB/OL].（2020-02-27）[2021-01-09］. https://www.belfercenter.org/event/ai-and-diplomacy-opportunities-and-challenges-digital-age.

Atlantic Council. Behind the scenes of the newest hot job in diplomacy:tech ambassador[EB/OL].（2021-12-06）[2021-12-25］. https://www.atlanticcouncil.org/news/transcripts/behind-the-scenes-of-the-newest-hot-job-in-diplomacy-tech-ambassador.

BALDWIN R. If this is globalization 4.0，what were the other three? [EB/OL].（2018-12-22）[2020-04-05］. https://www.weforum.org/agenda/2018/12/if-this-is-globalization-4-0-what-were-the-other-three.

BENDETT S. In AI，Russia is hustling to catch up[EB/OL].（2018-04-04）[2023-09-04］. https://www.defenseone.com/ideas/2018/04/russia-races-forward-ai-development/147178.

CHIANG M. The era of "tech diplomacy" is here[EB/OL].（2021-07-07）[2022-02-01］. https://www.forbes.com/sites/mungchiang/2021/07/

07/the-era-of-tech-diplomacy-is-here/? sh＝1354b8397687.

CUNNINGHAM S. Is the fourth industrial revolution a paradigm shift? [EB/OL].(2019-06-27)[2022-11-01]. https://www.helvetas.org/en/eastern-europe/about-us/follow-us/helvetas-mosaic/article/June2019/Is-the-Fourth-Industrial-Revolution-a-Paradigm-Shift-.

DiploFoundation. Digital diplomacy[EB/OL]. [2021-12-11]. https://www.diplomacy.edu/topics/digital-diplomacy.

DONALDSON A，YOUNANE I. A diplomatic deficit? The rise of non-state actors[EB/OL].(2018-02)[2020-10-01]. https://www.britishcouncil.org/research-policy-insight/insight-articles/diplomatic-deficit-actors.

European Commission. EU-India cooperation on ICT standardisation [EB/OL]. (2015-04-16)[2022-08-15]. https://digital-strategy.ec.europa.eu/en/news/eu-india-cooperation-ict-standardisation＃:～:text＝At％20a％20％22Digital％20India％20Roundtable％22％20event％20in％20Brussels，ICT％20or％20emerging％20technologies％20such％20as％20machine-to-machine％20communication.

European Commission. Global gateway [EB/OL]. [2022-10-25]. https://ec.europa.eu/info/strategy/priorities-2019-2024/stronger-europe-world/global-gateway_en.

European Union External Action. Global tech panel[EB/OL].(2021-09-20)[2022-04-25]. https://www.eeas.europa.eu/eeas/global-tech-panel_en＃10272.

FALASCHETTI G. Techplomacy: nuova frontiera d'azione esterna? [EB/OL].(2021-04-09)[2021-12-22]. http://www.labeuropa.eu/2021/04/09/techplomacy-nuova-frontiera-dazione-esterna.

GARCIA E V. What is tech diplomacy? [EB/OL].(2022-06-14) [2022-10-10]. https://behorizon.org/what-is-tech-diplomacy-a-very-short-definition.

GILCHRIST K. How U.S. microchips are fueling Russia's military—despite sanctions[EB/OL]. (2023-08-07)[2023-08-30]. https://www.cnbc.com/2023/08/07/how-us-microchips-are-fueling-russias-military-despite-sanctions.html.

HEATHERLY R. The GREAT campaign: from theory to digital reality[EB/OL]. (2016-02-17)[2020-06-05]. https://blogs.fcdo.gov.uk/guest-post/2016/02/17/the-great-campaign-from-theory-to-digital-reality.

HOLLIDAY S. The intersection of tech and diplomacy: global collaboration on emerging technologies [EB/OL]. [2022-10-10]. https://www.protocol.com/sponsored-content/the-intersection-of-tech-and-diplomacy-global-collaboration-on-emerging-technologies#toggle-gdpr.

HÖNE K, LORENZ P. Artificial intelligence and diplomacy: a new tool for diplomats? [EB/OL]. (2018-12-03) [2020-11-03]. https://www.diplomacy.edu/event/artificial-intelligence-and-diplomacy-new-tool-diplomats.

Huawei joins Paris call for trust, security in cyberspace[EB/OL]. (2019-08-01)[2020-09-08]. https://www.huawei.com/en/news/2019/7/huawei-joins-paris-call.

India Brand Equity Foundation. Science and technology development in India[EB/OL]. (2022-06)[2022-08-22]. https://www.ibef.org/industry/science-and-technology#.

Largest tech companies by market cap [EB/OL]. [2022-01-13]. https://companiesmarketcap.com/tech/largest-tech-companies-by-market-cap.

LINSCOTT M, RAGHURAMAN A. India's digital policies are putting US tech in a bind[EB/OL]. (2021-08-11)[2021-08-13]. https://www.atlanticcouncil.org/blogs/new-atlanticist/indias-digital-policies-are-putting-us-tech-in-a-bind.

MANOR L. Crafting digital diplomacy campaigns: how America's Iranian campaign is backfiring [EB/OL]. (2020-06-11) [2021-03-04]. https://digdipblog. com/2020/06/11/crafting-digital-diplomacy-campaigns-how-americas-iranian-campaign-is-backfiring/comment-page-1.

Ministry of Foreign Affairs of Denmark. Strategy for Denmark's tech diplomacy 2021-2023 [EB/OL]. (2021-02) [2021-08-16]. https://techstrategi.um.dk/-/media/techstrategi/strategy-for-denmarks-tech-diplomacy-2021-2023.ashx.

Most popular social networks worldwide as of October 2021, ranked by number of active users [EB/OL]. [2022-01-23]. https://www.statista.com/statistics/272014/global-social-networks-ranked-by-number-of-users.

MULEN. Americans avoid to download contact tracing Apps amid data privacy concerns [EB/OL]. (2020-06-19) [2023-07-02]. https://www.smartindustrynews.com/sin-article/americans-avoid-to-download-contact-tracing-apps-amid-data-privacy-concerns.

NOONE G. Does the UK's tech future lie in India? [EB/OL]. (2021-12-09) [2022-08-11]. https://techmonitor.ai/policy/digital-economy/does-uk-tech-future-lie-in-india.

Organization for Economic Cooperation and Development. Technology governance [EB/OL]. [2022-06-25]. https://www.oecd.org/sti/science-technology-innovation-outlook/technology-governance.

RAY S. The art of diplomacy gets a tech makeover, looking beyond coffee and corridors to a post-pandemic world [EB/OL]. (2021-12-10) [2022-01-02]. https://news.microsoft.com/apac/features/the-art-of-diplomacy-gets-a-tech-makeover-looking-beyond-coffee-and-corridors-to-a-post-pandemic-world.

RAY T. Beyond an India-EU-U.S. shared vision on emerging technologies[EB/OL]. (2021-02-17)[2022-08-02]. https://www.gmfus.org/news/beyond-india-eu-us-shared-vision-emerging-technologies.

ROMM T. How Donald Trump crippled US technology and science policy[EB/OL]. (2017-03-31)[2017-07-10]. https://www.cnbc.com/2017/03/31/how-donald-trump-crippled-us-technology-and-science-policy.html?msockid=17a45b6f2ca066fb38284e6a2d7267a0.

SATARIANO A. The world's first ambassador to the tech industry[EB/OL]. (2019-09-03)[2021-01-05]. https://www.competitionpolicyinternational.com/the-worlds-first-ambassador-to-the-tech-industry/.

TAYLOR E, JACKSON J, YESBERG J, et al. Coronavirus: survey reveals what the public wants from a contact-tracing app[EB/OL]. (2020-05-15)[2023-07-02]. https://theconversation.com/coronavirus-survey-reveals-what-the-public-wants-from-a-contact-tracing-app-138574.

TAYLOR P. 2020: the year diplomacy died[EB/OL]. (2020-09-24)[2022-10-25]. https://www.politico.eu/article/united-nations-donald-trump-2020-the-year-diplomacy-died-china-russia-us.

The White House. Fact sheet: United States-Republic of Korea partnership[EB/OL]. (2021-05-21)[2021-08-21]. https://www.whitehouse.gov/briefing-room/statements-releases/2021/05/21/fact-sheet-united-states-republic-of-korea-partnership.

The White House. Fact sheet: Quad Leaders' Summit[EB/OL]. (2021-09-24)[2022-04-09]. https://www.whitehouse.gov/briefing-room/statements-releases/2021/09/24/fact-sheet-quad-leaders-summit.

The White House. Guidance on scientific and technological cooperation with the Russian Federation for U.S. government and U.S. government affiliated organizations[EB/OL]. (2022-06-11)[2023-09-04]. https://www.whitehouse.gov/ostp/news-updates/2022/06/11/guidance-on-scientific-and-technological-cooperation-with-the-russian-federation-for-u-s-government-and-u-s-government-affiliated-organizations.

TSIPURSKY G. Donald Trump – the first post truth president and the tragedy of the commons[EB/OL]. (2017-11-08)[2020-10-20]. https://www.nationalcompass.net/2017/11/08/trump-first-post-truth-president.

U.S. 117th Congress. S.1169 - Strategic Competition Act of 2021 [EB/OL]. (2021-04-21)[2021-12-28]. https://www.congress.gov/bill/117th-congress/senate-bill/1169/text.

Update on the global internet forum to counter terrorism[EB/OL]. (2017-12-04)[2021-04-18]. https://www.blog.google/around-the-globe/google-europe/update-global-internet-forum-counter-terrorism.

WHYTE C. Russia's AI setbacks will likely heighten its cyber aggression[EB/OL]. (2022-04-14)[2023-09-04]. https://www.csoonline.com/article/572537/russias-ai-setbacks-will-likely-heighten-its-cyber-aggression.html.

WOOD T. The world's tech giants, ranked by brand value[EB/OL]. (2020-08-04)[2021-03-21]. https://www.visualcapitalist.com/the-worlds-tech-giants-ranked.

YAKUSHIJI T. Why Japan needs science and technology diplomacy[EB/OL]. (2009-06-30)[2023-09-04]. http://www.worldsecuritynetwork.com/Japan/Yakushiji-Taizo/Why-Japan-Needs-Science-and-Technology-Diplomacy.

七、其他

联合国大会.2018年12月22日大会决议73/266号：从国际安全角度促进网络空间国家负责任行为[Z/OL].（2018-12-22）[2022-08-03].

https://www.un.org/zh/ga/73/res/all1.shtml.

European Union. Council regulation(EU) 2021/2085 of 19 November 2021[Z/OL].(2021-11-30)[2022-10-25]. https://eur-lex.europa.eu/legal-content/EN/TXT/PDF/? uri=CELEX:32021R2085&qid=1668004373640&from=en.

后　记

学习并进行外交学的研究,有了因此可以加入国家和世界宏大叙事当中的机会,实我之幸。这本基于博士毕业论文完成的著作,从选题构思到如今即将付梓,不单是增加了生活追求的注脚,我也试图以稚嫩的笔触烙刻了对此间深刻而激荡的世界变局的观察与思考。

近几年,大国战略博弈波谲云诡,局部冲突与地区热点此起彼伏,新冠疫情大流行,气候变化与环保问题愈发凸显,新技术特别是智能技术热潮席卷全球。我的生命与改革开放同行三十余载,成长中习以为常的是发展的确定性;而立之年才知,这世界变局的颠覆与不确定此刻方才显山露水。

成书之际,白宫再次"易主",技术权力竞争进一步加剧,地缘博弈复杂度再度提升。美国视中国为其"最具实力的战略竞争对手",连续不断出台政策与限制措施管控新兴技术资本与要素流动,体系化地争夺结构性技术权力,全面塑造技术霸权。在此现实语境下,我一直想要探究技术外交在当代大国外交与人类命运共同体构建中的角色与价值,思考如何通过技术外交政策的制定和实施,在维护国家核心利益、促进跨国技术协作与重构全球技术治理秩序之间实现动态平衡。近两年,人工智能技术无疑成为新热点,新技术与其应用带来了全球范围的新议题,对构建更具前瞻性的技术外交和全球技术治理框架提出了新要求。受个人能力与阅历所限,本书虽持续追踪形势发展、更新内容案例,但也仅能作为阶段性研究成果呈现于学界。

在研究和写作期间,我得到了太多的个人和机构的帮助。首先要再次感谢我的导师刘建飞教授,他著作等身、治学严谨,常常教导我要立足本土做研究。特别在落笔人类命运共同体的部分，我想他应该会看到他对我的思考所产生的重要影响。许多我的老师、长辈、学者和同学都提供了恰当的指点、犀利的批评或温馨的鼓励，由此也碰撞出了跨学科跨领域的灵感，促使我把此书写得更好。此书的出版还要特别感谢中国传媒大学青年学者文丛项目和主编的支持，感谢中国传媒大学出版社蒋倩编辑的帮助。最后，希望本书能够更贴近读者——当您翻开这些书页，文字与思想便获得了意义。

任天威
2025 年 3 月于北京

编者的话

2014年是我的母校60周年校庆的重要日子,在那一年,由我所在的文科科研处牵头组织评审并选定了一批青年学者的学术专著加以支持出版。之后的一年多时间里,我们反复与作者和出版社沟通、提供修改意见,工作忙碌、琐碎而辛苦,甚至具体到选定封面设计这样的细微之处。想来,当我们看到这一系列专著整齐地摆放在案头时,会感到超乎寻常的价值吧。

"先寻桃源作太古,欲栽大木柱长天。"这是民国时期杨昌济教授所撰联语,一直使我受教颇深。自留校任教15年来,如果说在科研领域还小有所成,能够增益母校于万一的话,那要非常感念母校的栽培和前后两任科研处长车晴教授和胡智锋教授的提携。两位先生一为名门忠烈之后,行事如光风霁月,咸望素著;一为闻一多先生再传弟子、学富五车的长江学者,后学晚辈受益者众。在他们先后主持下的科研处,为我们这一批当年的青年人的成长提供了宽广而坚实的平台。"榜样的力量是无穷的",在杰出前任的重大压力之下,我也希望通过领导的支持和自己与同事们的共同努力,为学校的青年学者提供一片"柱天大木"得以成长的平台。今天,这已经成为我们工作的重要愿景。

优秀青年学者们要走的路还很长,我校文科科研工作要走的路同样很长。"撑一支长篙,向青草更青处漫溯",我们愿意做这支长篙,使青年教师们得以助力,通往宽阔丰美的彼岸。

段鹏

于中国传媒大学梧桐书屋东侧办公室内

2015年12月9日